LES BONNES SALADES DU MONASTÈRE

Catalogage avant publication de
Bibliothèque et Archives Canada

D'Avila-Latourrette, Victor-Antoine

Les bonnes salades du monastère

Traduction de : Twelve months of monastery salads.

1. Salades. 2. Cuisine végétarienne. I. Titre.

TX807.D8314 2006 641.8'3 C2005-942380-3

Pour en savoir davantage sur nos publications,
visitez notre site : www.edhomme.com
Autres sites à visiter : www.edjour.com
www.edtypo.com • www.edvlb.com
www.edhexagone.com • www.edutilis.com

03-06

L'ouvrage original a été publié
par The Harvard Common Press
sous le titre *Twelve Months of Monastery Salads*

Dépôt légal : 2006
Bibliothèque et Archives nationales du Québec

ISBN 10 : 2-7619-2180-1
ISBN 13 : 978-2-7619-2180-0

DISTRIBUTEURS EXCLUSIFS :

- Pour le Canada et les États-Unis :
  MESSAGERIES ADP*
  955, rue Amherst
  Montréal, Québec H2L 3K4
  Tél. : (514) 523-1182
  Télécopieur : (450) 674-6237
  * Filiale de Sogides ltée
- Pour la France et les autres pays :
  INTERFORUM
  Immeuble Paryseine, 3, Allée de la Seine
  94854 Ivry Cedex
  Tél. : 01 49 59 11 89/91
  Télécopieur : 01 49 59 11 33
  Commandes : Tél. : 02 38 32 71 00
  Télécopieur : 02 38 32 71 28

- Pour la Suisse :
  INTERFORUM SUISSE
  Case postale 69 - 1701 Fribourg - Suisse
  Tél. : (41-26) 460-80-60
  Télécopieur : (41-26) 460-80-68
  Internet : www.havas.ch
  Email : office@havas.ch
  Distribution : OLF SA
  Z.I. 3, Corminbœuf
  Case postale 1061
  CH-1701 Fribourg
  Commandes : Tél. : (41-26) 467-53-33
  Télécopieur : (41-26) 467-54-66
  Email : commande@ofl.ch

- Pour la Belgique et le Luxembourg :
  INTERFORUM BENELUX
  Boulevard de l'Europe 117
  B-1301 Wavre
  Tél. : (010) 42-03-20
  Télécopieur : (010) 41-20-24
  http://www.vups.be
  Email : info@vups.be

Gouvernement du Québec – Programme de crédit d'impôt pour l'édition de livres – Gestion SODEC – www.sodec.gouv.qc.ca

L'Éditeur bénéficie du soutien de la Société de développement des entreprises culturelles du Québec pour son programme d'édition.

Nous reconnaissons l'aide financière du gouvernement du Canada par l'entremise du Programme d'aide au développement de l'industrie de l'édition (PADIÉ) pour nos activités d'édition.

FRÈRE VICTOR-ANTOINE D'AVILA-LATOURRETTE

LES BONNES SALADES DU MONASTÈRE

Traduit de l'américain
par Monique Richard

LES ÉDITIONS DE L'HOMME

Même le repas le plus simple est un véritable carrefour.

Elise Boulding

Introduction

Il fut un temps où les chefs professionnels et les cuisiniers ordinaires considéraient la salade comme étant un plat d'importance secondaire sur le menu et sans importance réelle dans la cuisine quotidienne. Ils avaient l'habitude de la servir uniquement lors d'occasions spéciales telles que les fêtes et les célébrations. Tout cela a heureusement changé au cours des dernières décennies. On a redécouvert le plaisir d'inclure la salade au menu à la fin des années 1960 alors qu'on privilégiait une cuisine santé plus fraîche et plus naturelle. Les salades regorgent de vitamines et de minéraux et sont le symbole d'une alimentation saine.

Servies en plat principal, les salades sont un mélange harmonieux de légumes, de fruits, de fruits de mer, de fromages, de céréales, de pâtes et de viandes. Elles sont particulièrement appréciées pendant tout l'été et aussi pendant l'automne. De nos jours, nous aimons manger de la salade à longueur d'année. Il suffit de noter la popularité des buffets de salades pour s'en rendre compte. Les salades sont populaires parce qu'elles sont faciles à assembler et peuvent être l'objet d'un nombre infini de variantes. Elles donnent lieu à de merveilleux contrastes de saveurs, de textures, de couleurs et de nuances. Certaines salades peuvent être préparées d'avance tandis que d'autres doivent être apprêtées à la dernière minute. Lorsque nous avons des restes de fruits et de légumes, il suffit de faire une salade qui saura les mettre en valeur. Il y a un équilibre certain, une harmonie certaine dans une salade bien préparée et bien présentée. Tous les ingrédients semblent alors se marier sans effort pour créer un mets parfait, rempli de délicatesse et de beauté.

De nos jours, les salades sont très appréciées par tous, peu importe le moment où elles sont servies au cours du repas. Elles peuvent composer une entrée délicieuse, un mets principal appétissant, un entremets, ou être servies à la fin du repas. Pendant l'été, j'aime servir une salade comme plat principal deux à trois fois par semaine. En plus de me simplifier la tâche dans la cuisine, la préparation d'une salade est une réponse naturelle au régime monastique qui privilégie la consommation de légumes, de céréales, de fruits et de gras non saturés.

Les salades, comme les soupes, ont toujours joué un rôle de premier plan dans la cuisine monastique qui met l'accent sur la simplicité, l'intégralité, la sobriété et le bon goût. Voilà les principes qui régissent notre façon de cuisiner tous les plats dans les monastères. Les salades et les soupes incarnent bien ces principes et sont considérées comme la quintessence de notre cuisine.

La cuisine monastique repose en grande partie sur les récoltes de nos potagers, de nos fermes et de nos vergers. Les moines savent que rien ne peut égaler la fraîcheur et l'excellence des produits cultivés à l'intérieur de la clôture monastique. Dans les monastères, rien n'est plus apprécié qu'une salade bien apprêtée et bien équilibrée, fruit de notre propre labeur et de notre créativité qui repose sur des moyens naturellement limités.

La plupart des salades présentées dans ce livre sont végétariennes afin de respecter les principes dictés dans la règle de saint Benoît à propos du régime alimentaire monastique. Les produits laitiers et les fruits de mer sont inclus dans certaines recettes. Les nombreuses salades que je vous propose sont fidèles à la tradition monastique. Il y a quelques exceptions comme celles qui incluent des ingrédients plus coûteux tels que le caviar et que j'ai choisies pour ceux qui n'adhèrent pas à un régime monastique strict. Les recettes vantent les vertus de la santé, de la bonne alimentation et du raffinement du goût. Une salade préparée avec soin est toujours une occasion de célébrer.

Bon appétit !

Frère Victor-Antoine

Fête solennelle de saint Benoît

Car l'oreille discerne
les paroles, comme le palais
savoure les aliments.

Livre de Job 34,3

Salades de base

L'immense variété de légumes en feuilles maintenant disponible dans nos jardins, au supermarché et dans les kiosques sur les routes de campagne dépasse toute espérance. Avec cette diversité, on ne sait plus par où commencer. Chaque saison offre une délicieuse récolte de laitues rafraîchissantes pour combler notre appétit. Les grands connaisseurs et les chefs cuisiniers savent créer une salade magique en combinant la laitue piquante comme la roquette et la laitue plus douce comme la feuille de chêne rouge. Avec ce mélange, on obtient une harmonie de saveurs. Le mesclun est l'exemple parfait de saveurs, de textures et de tendreté.

Dans notre petit monastère, nous cultivons un assortiment de laitues, environ 9 ou 10 variétés, tout au long de l'année, sauf dans les mois les plus rudes de l'hiver. Les semences proviennent de la France et des États-Unis et le résultat est merveilleux à notre table. Voici une liste des laitues vertes (parfois rouges) que j'aime bien mélanger en salade.

Chicorée : Laitue verte très croquante et plutôt amère.

Chou pommé rouge : Souvent utilisé en salade pour sa couleur et sa texture croquante.

Chou pommé vert : Nous cultivons le chou vert et le chou de Milan dans le jardin du monastère et nous aimons les mélanger dans une salade de chou émincé ou toute autre salade.

Cresson de fontaine : Généralement cueilli à l'état sauvage sur le bord des ruisseaux, on reconnaît le cresson de fontaine à son goût légèrement poivré. On l'utilise souvent comme garniture.

Endive : Appelé *chicon* en Belgique, elle fait le bonheur des chefs. Avec sa texture croquante et son goût amer, elle est excellente en salade ou mélangée avec d'autres ingrédients.

Épinard : Il existe plusieurs variétés d'épinards. Je préfère les jeunes pousses pour leur texture tendre et leur douceur. Les épinards pouvant contenir beaucoup de sable, il est important de bien les laver.

Feuille de chêne rouge : Ces feuilles tendres et colorées créeront un beau contraste dans votre saladier. Elles poussent facilement au jardin, au printemps et à l'automne.

Feuille de pissenlit : Elle est considérée comme une mauvaise herbe par la plupart des personnes amoureuses de leur pelouse parfaite. Par contre les feuilles de pissenlit sont adorées par les Italiens. Leur culture est très variée. Je les aime sautées, légèrement ramollies et intégrées à une salade.

Jeune chicorée ou chicorée frisée : Ce bouquet de petites feuilles vertes et frisées est très populaire en France. On la surnomme aussi endive frisée.

Laitue à feuille rouge : Elle ne ressemble pas à la feuille de chêne, le plant étant plus grand. On peut se la procurer facilement dans les supermarchés et elle est réputée pour son goût très doux.

Laitue beurre ou pommée beurre : Cette laitue est relativement petite, légèrement pommée mais non compacte, avec un goût délicat de beurre. Ex. : Bibb, Boston, etc.

Laitue iceberg : Cette laitue est très populaire à cause de sa texture croquante, de sa douceur et de sa longue durée de conservation au réfrigérateur. Je l'aime énormément, c'est vrai, mais nous ne la cultivons pas dans notre jardin. Je dois m'en confesser, car lorsque nous en avons une, nous l'offrons aux poules, qui l'adorent.

Laitue romaine : Particulièrement attirante à cause de sa texture croquante. Elle pousse facilement au jardin et se conserve très bien au réfrigérateur. Je la cueille avant sa pleine maturité pour sa tendreté.

Lollo Rossa : Cette tendre laitue au goût très doux, de couleur verte ou rouge, nous vient de France. On peut la manger telle quelle ou la mélanger à d'autres laitues.

Mâche : Délicieuse, tendre et douce laitue qui ressemble aux jeunes pousses d'épinards. C'est la favorite des Français et des Belges. Elle pousse bien, même par temps froid, et elle survie souvent aux premiers gels.

Mesclun : Mélange de jeunes feuilles de laitue, récolté très tôt en saison pour sa douceur et son caractère croquant. Cette culture est originaire de Provence et se retrouve aujourd'hui aux quatre coins de la planète. Le mesclun pousse facilement au jardin.

Roquette : Elle est extrêmement attirante à cause de son goût épicé et légèrement moutardé. Nous en faisons pousser deux variétés au monastère : la roquette *salvatica*, une semence vivace que nous a rapportée un ami de Venise, en Italie, et la roquette simple qui est plus douce au goût.

Scarole : Feuilles larges qui s'apparentent aux feuilles d'endive, au goût légèrement amer. Au jardin, la scarole résiste bien à la chaleur et au froid.

Trévise (radicchio) : Une chicorée rouge, très populaire en Italie et adorée par les chefs cuisiniers. Coupée en fines lanières, elle est souvent utilisée pour mettre une salade en valeur.

Conseils pratiques pour la préparation des salades

1. Toujours choisir les légumes les plus frais, en particulier les légumes verts. Il est important de les utiliser quand ils regorgent encore de vitamines, de textures et de saveur.
2. Laver les légumes et les sécher à l'aide d'une essoreuse à salade. Il ne faut pas qu'ils soient détrempés, sinon ils pourraient se détériorer rapidement.
3. Ajouter la vinaigrette au moment de servir la salade sinon les légumes verts pourraient flétrir ou se ramollir. Une vinaigrette devrait toujours se faire à la dernière minute. Ne pas hésiter pas à touiller la salade avec les mains propres.
4. Pour une parfaite salade mélangée, utiliser une variété de laitues, de textures, de couleurs et de saveurs. Mélanger le tout harmonieusement.
5. Lorsque l'on prépare une salade, il est préférable de couper les feuilles à la main. L'utilisation d'un couteau pourrait faire flétrir les feuilles plus rapidement.
6. Toujours choisir des ingrédients de qualité pour préparer une vinaigrette ou une mayonnaise : huile d'olive extravierge, vinaigre de qualité, des épices et des fines herbes fraîches puis, dans la mesure du possible, du sel de mer, du poivre frais moulu et de la moutarde de Dijon.

Types de salades

Les salades ont plusieurs utilités. Elles sont présentées sous différentes formes et proviennent de diverses origines. Pour comprendre la particularité de chacune, j'ai créé des catégories.

Salades classiques internationales : Ces salades sont connues partout à travers le monde, par exemple la salade de lentilles à l'indienne (p. 226), la salade de pommes de terre allemande (p. 16) et le taboulé du Moyen-Orient (p. 121).

Salades rustiques : Salades inspirées de la cuisine rurale de plusieurs pays, incluant la salade d'endives, de poires et de brie (p. 23), la salade de champignons et de roquette (p. 86) et la salade aux deux choux (p. 20).

Salades exotiques : Ces salades combinées sont sophistiquées, inventives et raffinées, par exemple la salade de dattes et de noix de Madagascar (p. 54), la salade de mangue piquante (p. 118) et la salade de pois chiches (p. 170).

Salades créatives : Cette classe de salades regroupe la salade de carottes à la spartiate (p. 72), la salade de tofu aux fines herbes (p. 221) et la salade de la Transfiguration (p. 143), composée de riz sauvage et de pois chiches.

Salades simples et salades composées : Recettes de base de tous les jours, incluant la salade de chou du monastère (p. 228), la salade de tomates, d'oignons et de mozzarella (p. 149) et la salade de betteraves miniatures, de pommes de terre et d'oignons (p. 168).

Salade de pâtes : Voici quelques salades qui ont fait leurs preuves en toutes occasions :

la salade de fusillis à la menthe (p. 124), les rotelles à la sauce Napoléon épicée (p. 147) et la salade de macaronis saint Basile (p. 174).

Salades aux œufs, au fromage et au poisson: Pour un surplus de protéines, dégustez la salade de saumon à l'avocat (p. 58), les œufs à la diable farcis au pesto (p. 111)et la salade aux œufs et au fromage à la hollandaise (p. 57).

Salades italiennes: Parmi les salades italiennes, on trouve la salade de roquette, de pissenlits et de poires rôties (p. 95), la salade de poivrons rôtis à la piémontaise (p. 220) et la salade de cœurs d'artichauts (p. 227).

Salades régionales françaises: La diversité de la cuisine française est représentée par plusieurs plats, dont la salade au roquefort (p. 83), la salade de courgettes à la basquaise (p. 131) et le mesclun à la provençale (p. 98).

Les saintes salades: La salade saint Joachim (p. 135), à base de riz et de concombres; la salade Régina, faite de laitue et de tomates; la salade de choux-fleurs sainte Cécile (p. 216). Ce sont quelques recettes dédiées aux saints. Vous en trouverez aussi pour souligner certains jours d'anniversaire.

Salades de fruits: La salade d'oranges, de pommes et de fenouil (p. 233), la salade de légumes en feuilles aux kakis (p. 201) et la salade de cantaloups Riviera (p. 155) sont quelques-unes des salades rafraîchissantes que j'aime bien. Certaines peuvent être servies comme dessert et même accompagner le petit-déjeuner.

Je pense toujours que la meilleure façon de connaître Dieu est d'aimer beaucoup de choses.

Van Gogh

Janvier

Salade César

Croûtons

60 ml (1/4 tasse) d'huile d'olive
2 gousses d'ail, émincées
3 tranches de pain de blé entier, en dés de 2,5 cm (1 po)

Salade

1 laitue Boston, en bouchées
1 laitue romaine moyenne, en bouchées
1 oignon rouge moyen, en fines tranches
70 g (1/2 tasse) de fromage bleu français ou danois, émietté
30 g (1/4 tasse) de parmesan, râpé

Vinaigrette

125 ml (1/2 tasse) d'huile d'olive extravierge
3 c. à soupe de vinaigre de vin rouge
1 c. à soupe de jus de citron frais pressé
1/4 c. à café (1/4 c. à thé) de tabasco
1 c. à café (1 c. à thé) de moutarde de Dijon, de Meaux ou autre
Sel et poivre noir frais moulu

1 œuf, cuit dur, écalé et haché (facultatif)

Dans une grande poêle, chauffer l'huile à feu moyen-élevé. Ajouter l'ail et bien remuer. Ajouter immédiatement le pain et laisser griller légèrement sur toutes les faces en remuant constamment. Retirer les croûtons de la poêle et réserver.

Mettre les laitues et les oignons dans un grand saladier, ajouter le fromage bleu et le parmesan. Remuer légèrement.

Mettre tous les ingrédients qui composent la vinaigrette dans une tasse ou un petit bol. Fouetter jusqu'à épaississement. Verser ensuite sur la salade et touiller doucement pour bien enrober tous les légumes. Ajouter les croûtons et les œufs et remuer une dernière fois. Servir immédiatement.

6 portions

Allez là où il n'y a pas de chemin et laissez une trace.

RALPH WALDO EMERSON

Salade orientale

Vinaigrette

80 ml (1/3 tasse) d'huile de tournesol ou d'une autre huile végétale
1 c. à soupe d'huile de sésame
1 c. à café (1 c. à thé) de sauce soja
2 c. à soupe de jus de citron frais pressé
1 c. à café (1 c. à thé) de vinaigre de cidre
1 c. à soupe de miel
Sel et poivre noir frais moulu

Salade

50 g (1 tasse) de germes de soja, rincés à l'eau bouillante et épongés avec du papier absorbant ou un linge propre
1 botte de cresson, équeutée et coupée en bouchées
1 laitue Boston, en bouchées
1 pomme sucrée moyenne ou grosse, pelée, évidée et coupée en fines tranches
3 oignons verts, hachés finement
Une poignée de pois mange-tout, blanchis
Quelques crevettes cuites (facultatif)

Mettre tous les ingrédients qui composent la vinaigrette dans une tasse ou un petit bol. Fouetter jusqu'à épaississement. Réfrigérer 2 h avant de servir pour laisser imprégner les saveurs.

Mettre les légumes dans un grand saladier. Verser la vinaigrette et remuer légèrement pour enrober tous les légumes. Servir immédiatement.

6 portions

Salade de pommes de terre à l'allemande

Salade

10 pommes de terre rouges moyennes

2 grands concombres, pelés, coupés en quatre sur la longueur, épépinés et coupés en dés

1 oignon Vidalia moyen, haché finement

1 cornichon à l'aneth, en dés

Vinaigrette

3 c. à soupe de mayonnaise

2 c. à soupe de moutarde de Dijon, de Meaux ou autre

125 ml (1/2 tasse) d'huile d'olive

60 ml (1/4 tasse) de vinaigre de cidre

Sel et poivre noir frais moulu

10 g (1/3 tasse) de persil plat frais

Dans une grande casserole remplie d'eau bouillante salée, cuire les pommes de terre de 10 à 15 min, jusqu'à ce qu'elles soient tendres à la pointe d'un couteau, sans trop les cuire. Égoutter et rincer à l'eau froide. Laisser refroidir quelques minutes. Peler, couper en tranches de 6 mm (1/4 po) d'épaisseur et mettre dans un grand saladier. Ajouter les concombres, les oignons et les cornichons et remuer légèrement en prenant soin de ne pas briser les tranches de pommes de terre.

Mettre tous les ingrédients qui composent la vinaigrette dans le mélangeur et mixer jusqu'à consistance onctueuse. Verser sur la salade et remuer doucement.

Saupoudrer de persil et servir à température ambiante.

6 portions

Qui vin ne boit après salade est en danger d'être malade.

DICTON ANGLAIS

Salade de germes de soja à la japonaise

Vinaigrette

80 ml (1/3 tasse) d'huile de tournesol ou d'une autre huile végétale
1 c. à soupe d'huile de sésame
1 c. à soupe de sauce soja
1 c. à soupe de vinaigre de vin blanc
2 c. à café (2 c. à thé) de miel

Salade

480 g (1 lb) de germes de soja, rincés à l'eau bouillante et bien épongés
4 oignons verts, hachés finement
1 botte de cresson, équeutée et coupée en bouchées
1 poivron rouge moyen, épépiné, haché finement ou coupé en dés

Mettre tous les ingrédients qui composent la vinaigrette dans une tasse ou un petit bol et fouetter jusqu'à épaississement. Réfrigérer 2 h avant de servir pour laisser imprégner les saveurs. Remuer avant de servir.

Mettre les germes de soja dans un saladier. Ajouter les oignons verts, le cresson et les poivrons.

Verser la vinaigrette, bien remuer et servir immédiatement.

6 portions

Salade belge

Salade
4 endives moyennes, en feuilles séparées
1 grosse botte de cresson, équeutée
2 oranges navels, sans pelure ni peau blanche, coupées en rondelles puis en petits morceaux
2 échalotes, hachées finement

Vinaigrette
80 ml (1/3 tasse) d'huile d'olive fruitée extravierge
3 c. à soupe de Vinaigre aromatisé aux framboises (p. 241) ou de vinaigre de vin rouge
2 c. à soupe de mayonnaise
1 c. à café (1 c. à thé) de moutarde de Dijon
Sel et poivre noir frais moulu

2 œufs, cuits durs, écalés et hachés

Mettre les endives, le cresson, les oranges et les échalotes dans un grand saladier. Remuer légèrement.

Mettre tous les ingrédients qui composent la vinaigrette dans une tasse ou un petit bol. Fouetter jusqu'à épaississement. Verser la vinaigrette sur la salade, bien mélanger pour enrober tous les légumes, garnir avec les œufs et servir immédiatement.

6 portions

Avec notre corps et notre esprit, nous implorons ta bonté afin que tu bénisses ces herbes et ces légumes variés. Fortifie leurs pouvoirs naturels du pouvoir de guérison de ta grâce. Puissent-ils tenir la maladie et l'adversité loin des humains et des bêtes qui les utilisent en ton nom.

PRIÈRE RUSSE

Salade persane

Les anciens Persans croyaient que le cresson et les épinards aidaient la croissance des enfants et c'est pourquoi ils les utilisaient souvent dans leur alimentation. Il y a probablement du vrai dans leur croyance puisque ces légumes renferment une importante source de vitamines et de minéraux. Ils ajoutaient souvent du poulet à leur salade, ce qui permettait de composer un repas complet. Ici, j'ai changé la recette originale au poulet par du thon pour ceux qui ne mangent pas de viande et qui veulent ajouter des protéines à leur salade. Personnellement, quand je prépare cette salade j'utilise seulement des légumes.

Vinaigrette

80 ml (1/3 tasse) d'huile d'olive extravierge
60 ml (1/4 tasse) de jus de citron frais pressé
1 c. à soupe de moutarde de Dijon
1 gousse d'ail, émincée
2 c. à soupe d'aneth frais, haché finement
Sel et poivre noir frais moulu

Salade

1 botte de cresson, équeutée et coupée en bouchées
240 g (8 oz) de jeunes pousses d'épinards
2 grosses carottes, pelées et coupées en julienne
1 oignon, en fines tranches
1 concombre moyen, en fines tranches
180 g (6 oz) de thon pâle en morceaux en conserve, égoutté

Mettre tous les ingrédients qui composent la vinaigrette dans une tasse ou un petit bol et fouetter jusqu'à épaississement. Réfrigérer dans un plat couvert et laisser mariner pour libérer l'arôme de l'ail.

Mettre tous les légumes dans un grand saladier.

Avant de servir, ajouter le thon. Fouetter la vinaigrette une seconde fois et verser sur la salade. Mélanger légèrement et servir immédiatement.

6 à 8 portions

Salade aux deux choux

Cette salade peut-être préparée la veille, elle aura meilleur goût. On peut la servir en toute saison et en toute occasion.

Salade

360 g (2 tasses) de chou vert sans le trognon, en filaments
360 g (2 tasses) de chou rouge sans le trognon, en filaments
3 carottes moyennes, pelées et râpées ou coupées en filaments
1 oignon moyen, haché finement
90 g (1/2 tasse) de raisins secs

Vinaigrette

80 ml (1/3 tasse) d'huile d'olive extravierge
5 c. à soupe de vinaigre de cidre
2 c. à soupe de jus d'orange
2 c. à café (2 c. à thé) de sucre
Sel et poivre noir frais moulu

Dans un grand bol creux, bien mélanger les choux, les carottes, les oignons et les raisins.

Mettre tous les ingrédients qui composent la vinaigrette dans une tasse ou un petit bol et fouetter jusqu'à épaississement. Goûter et rectifier l'assaisonnement au besoin. Verser la vinaigrette sur la salade en prenant soin de bien enrober les légumes. Réfrigérer jusqu'au moment de servir.

4 à 6 portions

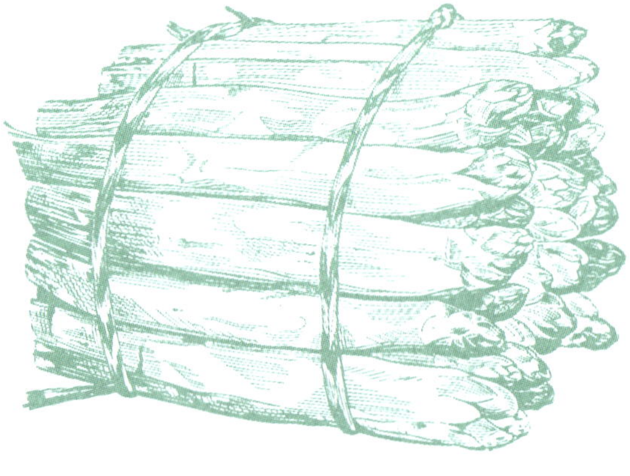

Salade d'épinards et d'oranges

Voici une salade rafraîchissante à servir après un repas copieux. Elle est tout aussi légère qu'appétissante avec son bon goût crémeux.

240 g (8 oz) de jeunes pousses d'épinards
3 oranges moyennes, pelées, sans les filaments blancs, séparées en quartiers et coupées en deux
1 petit concombre, pelé et coupé en fines rondelles
1 oignon rouge moyen, coupé en deux et en fines demi-lunes
40 g (1/3 tasse) de noix, hachées grossièrement et légèrement rôties au four à 180 °C (350 °F)
Vinaigrette à la moutarde et au miel (p. 245)

Mettre les épinards, les oranges, les concombres, les oignons et les noix dans un grand saladier. Mélanger légèrement pour combiner les ingrédients.

Préparer la vinaigrette à l'avance puis verser sur la salade au moment de servir. Bien mélanger et servir immédiatement.

6 à 8 portions

Quelle est la récompense du saint ? Que nous reste-t-il après notre mort ? La fleur de lys de la divinité la plus pure.

ANGELUS SILESIUS

Salade Boston

Cette salade peut être servie tout au long de l'année, en entrée ou après le repas principal.

Salade
2 laitues Boston moyennes, en bouchées
2 avocats moyens, mûrs mais fermes, dénoyautés et coupés en rondelles
2 oranges moyennes, pelées, sans filaments blancs et coupées en rondelles
60 g (1/2 tasse) de pacanes, coupées en deux
2 oignons verts, en fines tranches

Vinaigrette
125 g (1/2 tasse) de Mayonnaise maison (p. 243) ou du commerce
3 c. à soupe de sirop d'érable pur
2 c. à soupe de jus de citron frais pressé
2 c. à soupe de graines de carvi
1 c. à café (1 c. à thé) de raifort
Sel et poivre noir frais moulu

Mettre tous les ingrédients qui composent la salade dans un grand saladier et mélanger légèrement.

Bien mélanger tous les ingrédients de la vinaigrette dans une tasse ou un petit bol. Verser sur la salade, touiller légèrement pour enrober le tout et servir à température ambiante.

6 à 8 portions

Je te salue, ô terre, ô terre porte-grains,
Porte-or, porte-santé, porte-habits, porte-humains,
Porte-fruits, porte-tours.

GUILLAUME DU BARTAS

Salade d'endives, de poires et de brie

Le mélange du brie et des poires permet de créer une salade réconfortante. Il est préférable de la servir en entrée, mais elle peut aussi être servie avant le dessert.

Salade
3 poires moyennes mûres mais fermes
2 endives moyennes, en feuilles séparées
180 g (6 oz) de brie à température ambiante, coupé en quartiers fins
1 c. à soupe de beurre
60 g (1/2 tasse) de pacanes, hachées finement

Vinaigrette
6 c. à soupe d'huile d'olive extravierge
3 c. à soupe de vinaigre d'estragon
Sel et poivre noir frais moulu

10 g (1/4 tasse) de ciboulette fraîche, émincée

Peler et couper délicatement les poires en quartiers sur la longueur. Retirer le centre, couper de nouveau les quartiers en deux sur la longueur et les mettre dans un saladier. Couper les feuilles d'endives en deux sur la longueur et les mettre dans le saladier. Ajouter le brie et mélanger légèrement.

Dans une petite casserole, faire fondre le beurre à feu doux. Ajouter les pacanes et cuire environ 3 à 4 min en remuant sans cesse. Retirer du feu, laisser refroidir quelques minutes et ajouter les pacanes à la salade.

Mettre tous les ingrédients qui composent la vinaigrette dans une tasse ou un petit bol et fouetter jusqu'à épaississement. Verser sur la salade et mélanger délicatement. Saupoudrer de ciboulette et servir immédiatement.

6 portions

Salade épicée de haricots mélangés

Cette salade peut être servie tout au long de l'année, particulièrement lors des repas communautaires et des fêtes amicales.

Salade

220 g (1 tasse) de haricots noirs frais et cuits ou en conserve, rincés et égouttés
220 g (1 tasse) de haricots rouges frais et cuits ou en conserve, rincés et égouttés
220 g (1 tasse) de haricots blancs (cannellinis) frais et cuits ou en conserve, rincés et égouttés
180 g (1 tasse) de maïs en grains, congelé ou en conserve, décongelé ou rincé au besoin
1 oignon rouge moyen, haché finement
3 gousses d'ail, émincées
1 poivron rouge moyen, épépiné et haché

Vinaigrette

80 ml (1/3 tasse) d'huile d'olive extravierge
3 c. soupe de vinaigre de vin blanc ou de jus de citron frais pressé
1 c. à café (1 c. à thé) de moutarde de Dijon
1/2 c. à café (1/2 c. à thé) de paprika
1/2 c. à café (1/2 c. à thé) de cumin moulu
Sel et poivre noir frais moulu

4 brins de coriandre fraîche, hachés finement

Mettre tous les haricots dans un grand bol. (J'utilise un bol en céramique.) Ajouter le maïs, les oignons, l'ail, les poivrons et bien mélanger.

Mettre tous les ingrédients qui composent la vinaigrette dans une tasse ou un petit bol. Fouetter jusqu'à épaississement. Verser sur la salade et mélanger légèrement pour enrober le tout. Réfrigérer de 1 à 2 h avant de servir.

Au moment de servir, saupoudrer de coriandre.

6 portions

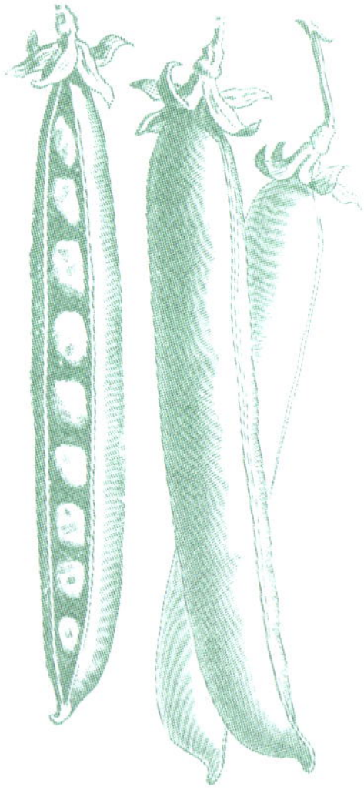

Salade frisée au bleu d'Auvergne

Il est préférable de servir cette salade après le repas principal. Puisqu'elle contient du fromage, il n'est pas nécessaire d'en servir d'autre à la fin du repas.

Salade

1 petite chicorée frisée, en bouchées
180 g (6 oz) de bleu d'Auvergne ou d'un autre bleu semblable, émietté

Croûtons

3 c. à soupe d'huile d'olive
6 tranches fines de pain croûté, en cubes
60 g (1/2 tasse) de pacanes, hachées grossièrement
1/2 c. à café (1/2 c. à thé) de poudre d'ail

Vinaigrette

6 c. à soupe d'huile d'olive extravierge
3 c. à soupe de vinaigre de vin blanc
Sel et poivre noir frais moulu

Mettre la laitue dans un grand bol. Ajouter le fromage et réserver pendant la préparation des croûtons.

Dans un poêlon moyen, chauffer l'huile à feu moyen-doux. Faire sauter le pain et les pacanes 1 min en remuant sans cesse. Saupoudrer de poudre d'ail et cuire encore 2 à 3 min en remuant jusqu'à ce que le pain devienne doré. Réduire la chaleur au besoin. Au terme de la cuisson, ajouter les croûtons à la laitue et mélanger légèrement.

Mettre tous les ingrédients qui composent la vinaigrette dans une tasse ou un petit bol et fouetter jusqu'à épaississement. Verser sur la salade et mélanger pour bien enrober. Servir immédiatement.

6 portions

L'hospitalité est faite d'un peu de chaleur, d'un peu de nourriture et de beaucoup de calme.

RALPH WALDO EMERSON

Salade à la diable aux betteraves, sauce rémoulade

Rémoulade

6 c. à soupe de Mayonnaise maison (p. 243) ou du commerce
1 c. à soupe de moutarde de Dijon
Sel et poivre noir frais moulu

Salade

4 betteraves moyennes, pelées, coupées en cubes et cuites dans l'eau bouillante salée de 3 à 5 min ou jusqu'à ce qu'elles soient tendres
3 c. à soupe de jus de citron frais pressé
4 œufs, cuits durs et écalés
2 c. à soupe de câpres, rincées et hachées grossièrement
1 petit oignon, haché finement

Mettre tous les ingrédients qui composent la rémoulade dans une tasse ou un petit bol et fouetter jusqu'à ce que le mélange soit onctueux. Couvrir et réfrigérer.

Mettre les betteraves et le jus de citron dans un bol moyen. Bien mélanger et réfrigérer au moins 1 h.

Pendant ce temps, couper les œufs en deux sur la longueur. Retirer les jaunes délicatement, les mettre dans un bol et les réduire en purée à l'aide d'une fourchette. Ajouter les câpres et bien mélanger. Ajouter 60 ml (1/4 tasse) de sauce rémoulade et mélanger pour combiner tous les ingrédients. Farcir les blancs d'œufs avec la purée.

Avant de servir, verser le reste de la sauce rémoulade et les oignons sur les betteraves refroidies et bien mélanger. Mettre 2 demi-œufs farcis d'un côté de chaque assiette et un petit monticule de betteraves de l'autre. Servir immédiatement.

4 portions

Salade à la diable du monastère

Cette excellente salade peut être servie comme entrée ou comme repas léger complet.

6 œufs, cuits durs et écalés
80 g (1/3 tasse) de Mayonnaise maison, (p. 243)
1 c. à soupe de moutarde de Dijon
Poivre noir frais moulu, au goût
Une pincée de paprika
1 botte de cresson, équeutée

Couper les œufs en deux sur la longueur. Retirer les jaunes délicatement, les mettre dans un bol moyen et les réduire en purée à l'aide d'une fourchette. Ajouter la mayonnaise, la moutarde, le poivre, le paprika et mélanger jusqu'à consistance onctueuse. Goûter et rectifier l'assaisonnement au besoin. Farcir les blancs d'œufs avec la purée.

Dans chaque assiette, faire un petit nid avec le cresson et disposer deux demi-œufs farcis au centre. Servir immédiatement.

6 portions

Le repas est le reflet de la gentillesse et de la cordialité du cuisinier. Évidemment, certains d'entre nous sont plus habiles de leurs mains que d'autres. Mais quand on donne le meilleur de soi-même, il en résulte toujours un excellent repas, comme s'il avait été préparé par la grâce divine.

Soei Yonedi

Salade Bar-le Duc

Bar-Le-Duc est une ville de la région de la Lorraine, en France. Cette salade est un mélange de fruits et de légumes très nutritif.

Salade

2 pamplemousses, pelés, sans filaments blancs, et séparés en quartiers
2 pommes rouges moyennes, pelées, évidées et tranchées en quartiers fins
2 carottes moyennes, pelées et râpées ou coupées filaments
2 endives, en feuilles séparées
1 échalote, hachée finement
1 c. à soupe de jus de citron frais pressé

Vinaigrette

125 ml (1/2 tasse) de crème sure, de crème fraîche ou de yogourt nature léger
2 c. à soupe de mayonnaise
1 c. à café (1 c. à thé) de paprika
1/2 c. à café (1/2 c. à thé) de muscade moulue
1/2 c. à café (1/2 c. à thé) de moutarde sèche
Sel et poivre blanc, au goût

Dans un saladier, mélanger tous les éléments de la salade. Réfrigérer jusqu'au moment de servir.

Mettre tous les ingrédients qui composent la vinaigrette dans une tasse ou un petit bol et fouetter jusqu'à ce que le mélange soit onctueux. Verser sur la salade, bien mélanger pour enrober tous les légumes et servir immédiatement.

6 portions

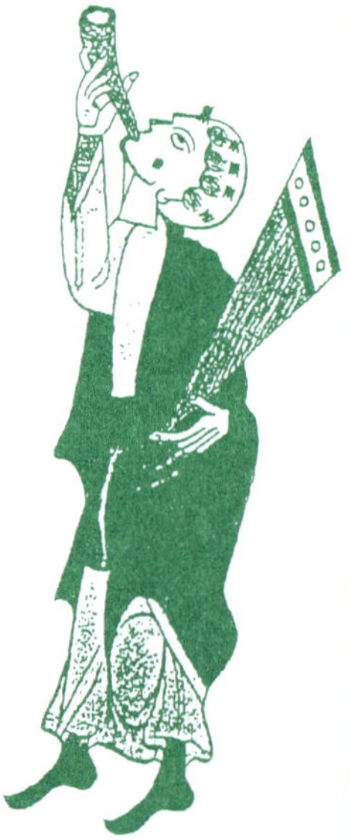

Puisque notre vie monastique consiste principalement à chanter les louanges de Dieu, tout ce qui nous entoure doit participer à cette prière. Le monastère, la terre monastique et tout ce qu'ils renferment doivent chanter de manière féconde, avec le rayonnement de la beauté, en parfaite harmonie avec le silence.

Un moine contemplatif

Salade d'endives, d'oranges et de pommes

Salade
3 oranges, pelées, sans filaments blancs, séparées en quartiers et coupées en dés
2 pommes, pelées, évidées et coupées en quartiers fins
1 jeune chicorée frisée, en bouchées
60 g (1/2 tasse) d'olives noires, dénoyautées, égouttées et coupées en deux
60 g (1/2 tasse) de raisins verts, épépinés
2 c. à soupe de câpres, égouttées

Mayonnaise au roquefort
125 g (1/2 tasse) de Mayonnaise maison (p. 243) ou du commerce
60 g (1/2 tasse) de roquefort, émietté
Sel au goût
Une pincée de poivre blanc

Dans un grand saladier, mélanger délicatement tous les ingrédients qui composent la salade.

Dans une tasse ou dans un petit bol, mélanger la mayonnaise et le roquefort. À l'aide d'une fourchette, écraser le fromage et remuer jusqu'à consistance onctueuse. Goûter et rectifier l'assaisonnement en ajoutant du sel et du poivre au besoin. Verser la mayonnaise sur la salade, bien mélanger et servir immédiatement.

6 à 8 portions

Nous sommes façonnés par ce que nous aimons.

JOHANN WOLFGANG VON GOETHE

Réjouissons-nous dans la vérité quel que soit le lieu où nous trouvons sa lampe allumée.

ALBERT SCHWEITZER

Février

Entrée de salade à l'avocat et aux œufs

Comme son nom l'indique, cette salade se sert presque toujours en entrée. J'aime aussi la servir à l'heure du lunch ou pour le brunch dominical.

Salade

2 avocats mûrs mais fermes, pelés, dénoyautés et coupés en fines tranches sur la longueur
4 œufs, cuits durs, écalés et coupés en quartiers
2 endives moyennes, en feuilles séparées et coupées en deux sur la longueur
4 tranches de citron

Vinaigrette

125 ml (1/2 tasse) d'huile d'olive extravierge
3 c. à soupe de jus de citron frais pressé
2 c. à café (2 c. à thé) de moutarde de Dijon
1 échalote, hachée finement
Sel et poivre noir frais moulu

Partager les tranches d'avocat dans chaque assiette. Les disposer en forme d'éventail. Disposer harmonieusement les œufs et les endives et terminer avec une tranche de citron au centre de chaque assiette.

Mettre tous les ingrédients qui composent la vinaigrette dans un mélangeur et mixer quelques secondes. Goûter et rectifier l'assaisonnement au besoin. Verser la vinaigrette sur la salade et servir immédiatement.

4 portions

La nature a été créée pour nous permettre de penser au paradis. Les bois, les champs, les vallées, les collines, les rivières et la mer, les nuages qui traversent le ciel, la lumière et la noirceur, le soleil et les étoiles nous rappellent qu'à l'origine le monde a été créé en tant que paradis pour accueillir le premier Adam.

THOMAS MERTON

Salade de choux-fleurs à la sarriette

Je vous recommande de servir cette salade à température ambiante en hiver ou légèrement refroidie en été. Parfois, je remplace la vinaigrette par la Mayonnaise maison (p. 243) à laquelle j'ajoute de la moutarde, du sel et du poivre.

Salade

1 gros chou-fleur, divisé en bouquets
3 œufs, cuits durs, écalés et hachés grossièrement
2 échalotes, hachées finement
2 c. à soupe de câpres, égouttées

Vinaigrette

60 ml (1/4 tasse) d'huile d'olive
3 c. à soupe d'huile de noisette
3 c. à soupe de vinaigre de vin blanc
1 c. à café (1 c. à thé) de moutarde de Dijon
1 c. à café (1 c. à thé) d'estragon frais, haché ou séché
Sel et poivre noir frais moulu

Cuire les bouquets de chou-fleur au bain-marie de 15 à 20 min, jusqu'à ce qu'ils soient tendres, ou dans une grande casserole remplie d'eau bouillante salée environ 5 min. Égoutter et laisser refroidir.

Mettre les choux-fleurs dans un grand saladier. Ajouter les œufs, les échalotes et les câpres. Mélanger délicatement.

Mettre tous les ingrédients qui composent la vinaigrette dans une tasse ou un petit bol et fouetter jusqu'à épaississement. Verser sur la salade et bien mélanger pour enrober tous les légumes.

4 à 6 portions

Salade de fenouil de Pérouse

Cette salade est généralement servie après le repas principal pour rafraîchir le palais et favoriser la digestion avant le dessert.

Salade

5 bulbes de fenouil moyens, sans les tiges
1 oignon rouge moyen, en fines tranches
24 olives noires dénoyautées, égouttées
100 g (1 tasse) de pacanes, coupées en deux et hachées finement

Vinaigrette

125 ml (1/2 tasse) + 2 c. à soupe d'huile d'olive extravierge
60 ml (1/4 tasse) de vinaigre de vin blanc
Sel et poivre noir frais moulu

Cerfeuil frais, haché finement

Mettre les bulbes de fenouil dans une grande casserole d'eau bouillante salée et cuire 10 min. Égoutter, rincer à l'eau froide et égoutter de nouveau.

Couper le fenouil sur la longueur en lamelles aussi fines que du papier. Mettre dans un grand saladier et ajouter les oignons et les olives.

Dans un petit poêlon à sec, chauffer les pacanes à feu moyen environ 6 min, en remuant sans cesse pour en libérer l'arôme. Les mettre dans la salade.

Mettre tous les ingrédients qui composent la vinaigrette dans une tasse ou un petit bol et fouetter jusqu'à épaississement. Verser sur la salade et bien mélanger pour enrober le tout. Réfrigérer 2 h avant de servir. Saupoudrer de cerfeuil et servir.

6 portions

Dieu cache les choses en les plaçant près de nous.

RALPH WALDO EMERSON

Salade de poivrons rôtis et marinés

Salade

2 poivrons rouges, coupés en deux sur la longueur et épépinés
2 poivrons jaunes, coupés en deux sur la longueur et épépinés
2 poivrons verts, coupés en deux sur la longueur et épépinés
3 gousses d'ail, émincées
60 ml (1/4 tasse) d'huile d'olive extravierge
2 c. à soupe de jus de citron frais pressé
1 oignon rouge moyen, en fines tranches
20 olives noires, dénoyautées

Vinaigrette

125 ml (1/2 tasse) + 2 c. à soupe d'huile d'olive extravierge
5 c. à soupe de vinaigre balsamique
Sel et poivre noir frais moulu

Basilic frais, en fines lanières

Préchauffer le four à 200 °C (400 °F) ou préchauffer le gril. Mettre les poivrons sur une plaque à pâtisserie, côté pelure vers le haut et cuire environ 15 min, jusqu'à ce qu'ils noircissent. Retirer du four et mettre les poivrons dans un sac de papier brun. Fermer et agiter un peu le sac, puis laisser refroidir.

Sortir délicatement les poivrons du sac, retirer la pelure et rincer à l'eau froide pour éliminer les impuretés. Éponger délicatement avec du papier absorbant et les mettre dans un bol profond. Ajouter l'ail, l'huile, le jus de citron, les oignons, les olives, couvrir et laisser mariner 2 h au réfrigérateur.

Mettre tous les ingrédients qui composent la vinaigrette dans une tasse ou un petit bol et fouetter jusqu'à épaississement.

Placer au centre de chaque assiette 5 olives, puis disposer harmonieusement tout autour un morceau de poivron rouge, un morceau de poivron jaune, un morceau de poivron vert et parsemer le tout d'oignons. Verser de la vinaigrette sur les poivrons, garnir de basilic et servir immédiatement.

4 portions

Salade Mayfair

Cette salade fait une excellente entrée ou un délicieux plat à servir à la fin du repas.

Salade

1 bulbe de fenouil, sans les tiges, coupé en fines tranches
3 pommes sucrées moyennes, pelées, évidées et coupées en dés
1 cœur de céleri, en fines tranches
3 petits concombres, non pelés et coupés en rondelles fines
90 g (1/2 tasse) de raisins secs

Vinaigrette

250 g (1 tasse) de yogourt nature
3 c. à soupe de ciboulette fraîche, hachée finement
2 c. à soupe de menthe fraîche, hachée finement
2 c. à soupe de jus de citron frais pressé
Une pincée de poudre d'ail
Une pincée de paprika
1 c. à café (1 c. à thé) de moutarde de Dijon, de Meaux ou autre
Sel marin et poivre noir frais moulu

Mettre le fenouil, les pommes, le céleri, les concombres et les raisins dans un grand saladier. Mélanger légèrement, couvrir et réfrigérer 1 h jusqu'au moment de servir.

Mettre tous les ingrédients qui composent la vinaigrette dans un bol profond et à l'aide d'un fouet ou d'un batteur à main, mixer jusqu'à ce qu'elle devienne onctueuse. Réfrigérer jusqu'au moment de servir.

Trente minutes avant de servir, ajouter la vinaigrette à la salade et bien mélanger pour enrober le tout. Conserver au réfrigérateur et servir froid.

4 à 6 portions

Salade Waldorf

Salade

2 gros céleris-raves, pelés et coupés en julienne
60 ml (1/4 tasse) de jus de citron frais pressé
4 pommes, pelées, évidées, coupées en tranches puis en lamelles fines

Vinaigrette rémoulade

1 jaune d'œuf, très frais
2 c. à café (2 c. à thé) de moutarde de Dijon, de Meaux ou autre
60 ml (1/4 tasse) de crème épaisse (35 %) ou de crème fraîche
125 ml (1/2 tasse) d'huile d'olive extravierge
1 c. à soupe de vinaigre d'estragon
Sel et poivre blanc, au goût

60 g (1/2 tasse) de noix, hachées (facultatif)

Faire cuire les céleris-raves dans l'eau bouillante salée pendant 1 min. Égoutter et rincer à l'eau froide. Les mettre ensuite dans un bol profond, ajouter le jus de citron, bien mélanger et réfrigérer quelques heures, jusqu'au moment de servir.

Avant de servir, ajouter les pommes et touiller légèrement.

À l'aide d'un batteur à main, mélanger dans un bol moyen le jaune d'œuf, la moutarde et la crème. Ajouter l'huile graduellement, en mixant jusqu'à consistance épaisse et crémeuse. Terminer avec le vinaigre, le sel et le poivre. Verser la vinaigrette sur la salade et bien mélanger pour enrober le tout. Conserver au réfrigérateur. Parsemer de noix avant de servir.

6 portions

Salade vénitienne au gorgonzola

Cette salade se sert après le plat principal.

Salade

1 petite chicorée frisée, en feuilles séparées
1 petite trévise (radicchio) (séparer les feuilles et les couper en quatre)
1 botte de roquette, équeutée
1 endive, en feuilles séparées et coupées en fines lanières sur la longueur
1 pomme verte acidulée, pelée, évidée et coupée en tranches
60 g (1/2 tasse) de noix, hachées
80 g (2/3 tasse) de gorgonzola (ou autre fromage bleu), émietté

Vinaigrette

125 ml (1/2 tasse) d'huile d'olive extravierge
6 c. de Vinaigre aromatisé au basilic (p. 239) ou tout autre vinaigre
1 c. à café (1 c. à thé) de moutarde de Dijon, de Meaux ou autre
Sel et poivre noir frais moulu

Mettre les légumes en feuilles dans un grand saladier. Ajouter les pommes, les noix et le fromage.

Mettre tous les ingrédients qui composent la vinaigrette dans une tasse ou un petit bol et fouetter jusqu'à épaississement. Avant de servir, verser la vinaigrette, mélanger légèrement et partager la salade dans des assiettes individuelles.

Celui qui plante des arbres aime aussi les humains qui l'entourent.

ANONYME

Salade Copperfield

Salade

4 oranges, pelées, sans les filaments blancs et coupée de biais en rondelles de 1,25 cm (1/2 po) d'épaisseur

3 avocats moyens, mûrs mais fermes, pelés, dénoyautés et coupés en cubes

1 oignon blanc moyen, haché finement

60 g (1/2 tasse) d'olives noires, dénoyautées et égouttées

6 radis, équeutés et coupés en fines tranches

3 c. à soupe de jus de citron frais pressé

Vinaigrette

80 ml (1/3 tasse) d'huile de noisette

1 c. à café (1 c. à thé) de sauce Worcestershire

1 c. à soupe de vinaigre de cidre

3 c. à soupe de miel

Une pincée de Cayenne

Sel et poivre blanc, au goût

7 g (1/4 tasse) de coriandre fraîche, hachée finement

Avant de servir, mettre tous les ingrédients de la salade dans un grand bol. Mélanger pour s'assurer que le jus de citron enrobe bien tous les légumes.

Mettre les ingrédients qui composent la vinaigrette dans un mélangeur et mixer jusqu'à ce que le tout soit bien mélangé. Verser la vinaigrette sur la salade, bien touiller en s'assurant d'enrober la salade. Parsemer de coriandre et servir à température ambiante.

6 portions

L'amour est une joie qu'accompagne l'idée d'une cause extérieure.

BARUCH SPINOZA

Salade d'endives au bleu

Salade

4 endives moyennes, en feuilles séparées et coupées en deux, en biais
2 pommes acidulées, pelées, évidées et coupées en fines tranches
1 échalote, émincée

Vinaigrette

6 c. à soupe d'huile de noix
3 c. à soupe de vinaigre de xérès
1 c. à café (1 c. à thé) de moutarde de Dijon, de Meaux ou autre
Sel et poivre noir frais moulu

60 g (1/2 tasse) de noix, hachées
60 g (1/2 tasse) de fromage bleu au choix, émietté

Dans un grand bol, mettre les endives, les pommes, les échalotes. Mélanger légèrement et réserver.

Mettre tous les ingrédients qui composent la vinaigrette dans une tasse ou un petit bol et fouetter jusqu'à épaississement. Verser la vinaigrette, mélanger généreusement en s'assurant d'enrober tous les éléments de la salade et partager dans 6 assiettes. Saupoudrer de noix et de fromage. Servir à température ambiante.

6 portions

Un proverbe zen dit que la saveur vient du cœur. Préparer les aliments est une manière d'entraîner l'esprit. Prendre soin de faire un repas délicieux et bien présenté cultive notre sensibilité esthétique. Voilà une forme d'entraînement absolument splendide.

Soei Yoneda

Salade de riz sauvage et d'orge

Cette salade est servie normalement à température ambiante, mais vous pouvez également la servir froide en la laissant 2 h au réfrigérateur. On peut aussi servir cette salade comme plat principal, pour un goûter léger ou pour un brunch.

Salade
180 g (1 tasse) de riz sauvage
90 g (1/2 tasse) d'orge perlé
1,25 litre (5 tasses) d'eau
Une pincée de sel de mer
60 ml (1/4 tasse) d'huile d'olive
4 échalotes, émincées
3 branches de céleri, en fines tranches
Les feuilles d'une botte de persil plat (4 à 5 brins), hachées finement
90 g (3 oz) de raisins secs dorés
60 g (1/2 tasse) d'amandes blanchies, légèrement rôties au four préchauffé à 180 °C (350 °F)

Vinaigrette
125 ml (1/2 tasse) d'huile de noisette
60 ml (1/4 tasse) de vinaigre de xérès ou autre
Sel et poivre noir frais moulu

1 petite Boston (facultatif)

Dans une grande casserole, mettre le riz, l'orge, l'eau et le sel. Porter à ébullition, réduire la chaleur à moyen-doux et laisser mijoter doucement de 40 à 45 min, jusqu'à ce que les grains soient tendres. Égoutter et laisser refroidir dans une passoire.

Dans un petit poêlon, chauffer l'huile à feu moyen-doux, ajouter les échalotes, le céleri et cuire de 2 à 3 min tout au plus. Retirer du feu et laisser refroidir.

Mettre le mélange riz et orge, les légumes sautés, le persil, les raisins et les amandes dans un grand saladier. Mélanger légèrement pour combiner tous les ingrédients.

Mettre tous les ingrédients qui composent la vinaigrette dans une tasse ou un petit bol et fouetter jusqu'à épaississement. Verser sur la salade et bien mélanger pour enrober le tout. Si désiré, tapisser chaque assiette de 2 ou 3 feuilles de Boston et garnir de salade de riz et d'orge. Servir immédiatement.

6 portions

Salade de jicama et d'avocat

Cette salade alléchante et bien assaisonnée en piments est généralement servie en entrée ou comme repas léger.

Salade

1 jicama de 480 g (1 lb), coupé en deux sur la longueur, pelé et coupé en cubes
3 avocats moyens, mûrs mais fermes
2 c. à soupe de jus de citron frais pressé
1 oignon rouge moyen, haché finement
Les feuilles d'une botte de coriandre fraîche, hachées finement

Vinaigrette

80 ml (1/3 tasse) d'huile d'olive extravierge
2 c. à soupe de jus de citron frais pressé
Une pincée de cumin moulu
Une pincée de paprika
Sel et poivre noir frais moulu

Mettre le jicama dans une grande casserole, ajouter de l'eau glacée et laisser reposer 30 min. Bien égoutter et mettre dans un grand saladier.

Couper les avocats en deux. Peler, dénoyauter et couper en cubes. Mettre dans un autre bol, verser le jus de citron et mélanger délicatement. Le jus de citron permet de garder la fraîcheur et la couleur des avocats.

Mettre les avocats, les oignons et la coriandre dans le saladier.

Mettre tous les ingrédients qui composent la vinaigrette dans une tasse ou un petit bol et fouetter jusqu'à épaississement. Verser sur la salade et bien mélanger pour enrober tous les légumes. Servir immédiatement.

6 portions

Mon fils, ne refuse pas au pauvre sa subsistance
et ne fais pas languir le miséreux.
Ne fais pas souffrir celui qui a faim,
n'exaspère pas l'indigent.
Ne t'acharne pas sur un cœur exaspéré,
ne fais pas languir après ton aumône le nécessiteux.
Ne repousse pas le suppliant durement éprouvé,
ne détourne pas du pauvre ton regard.

ECCLÉSIASTIQUE 4,1-4

Salade de pommes de terre à la sarriette

Cette salade peut accompagner un plat de viande ou de poisson. Elle est généralement servie à température ambiante mais, si vous préférez, il est possible de la manger froide, en la réfrigérant quelques heures.

Salade

240 g (8 oz) de petites pommes de terre nouvelles, pelées
140 g (1 tasse) de petits pois frais écossés ou congelés, cuits dans l'eau bouillante jusqu'à ce qu'ils soient tendres et égouttés
110 g (1 tasse) de céleri, en dés
2 échalotes ou un petit oignon, hachés grossièrement
2 petits concombres à mariner, en dés

Vinaigrette

80 ml (1/3 tasse) d'huile d'olive extravierge
60 ml (1/4 tasse) de vinaigre d'estragon
3 c. à soupe d'aneth frais ou 1 c. à soupe de graines d'aneth
3 c. à soupe de cerfeuil frais, haché
3 c. à soupe de ciboulette fraîche, hachée
Sel et poivre noir frais moulu

Dans une casserole remplie d'eau bouillante, cuire les pommes de terre jusqu'à ce qu'elles soient tendres à la pointe d'une fourchette et égouttées. Couper en deux quand elles seront assez refroidies.

Mettre les pommes de terre, les petits pois, le céleri et les échalotes dans un grand saladier. Mélanger délicatement.

Mettre tous les ingrédients qui composent la vinaigrette dans une tasse ou un petit bol et fouetter jusqu'à épaississement. Verser sur la salade et bien mélanger jusqu'à ce que le tout soit bien enrobé. Servir à température ambiante.

6 portions

Salade italienne d'hiver (Insalata invernale)

Servez cette salade en entrée ou après le plat principal. Comme son nom l'indique, c'est une très bonne salade hivernale.

Salade

1 trévise (radicchio) moyenne, en filaments
2 bulbes de fenouil moyens, sans les tiges et coupés en filaments
1 petite botte de roquette, équeutée
2 échalotes, hachées grossièrement

Vinaigrette

80 ml (1/3 tasse) d'huile d'olive extravierge
5 c. à soupe de vinaigre balsamique ou de vinaigre de vin ou au choix
1 gousse d'ail, émincée
Sel et poivre noir frais moulu

Mettre la trévise, le fenouil, la roquette et les échalotes dans un grand saladier. Bien mélanger.

Préparer la vinaigrette à l'avance pour libérer l'arôme de l'ail. Dans un petit bol ou une tasse, fouetter ensemble tous les ingrédients qui la composent et fouetter jusqu'à épaississement.

Avant de servir, verser la vinaigrette sur la salade et mélanger légèrement pour enrober tous les légumes.

4 à 6 portions

Salade de poireaux

Servir cette salade en entrée à température ambiante.

8 gros poireaux
125 ml (1/2 tasse) d'huile d'olive
60 ml (1/4 tasse) de vinaigre d'estragon
Sel et poivre noir frais moulu
2 œufs, cuits durs, écalés et hachés finement

Couper la racine et l'extrémité vert foncé des poireaux. Jeter les premières couches. Cuire les poireaux à couvert, dans une grande casserole d'eau bouillante salée 15 min, ou à la vapeur au-dessus de 2,5 cm (1 po) d'eau, ce qui prendra un peu moins de temps de cuisson. Quand les poireaux sont tendres, les égoutter et laisser refroidir sous l'eau froide. Égoutter une deuxième fois et réserver.

Dans un petit bol ou une tasse, fouetter ensemble l'huile, le vinaigre le sel et le poivre jusqu'à ce que la vinaigrette épaississe.

Au moment de servir, mettre deux poireaux dans chacune des 4 assiettes. Verser la vinaigrette et garnir avec les œufs.

4 portions

Apprends l'art du détachement, acquiers la vertu d'être méthodique et constant. Et, par-dessus tout, fais ton possible et prie pour obtenir la grâce de l'humilité.

SIR WILLIAM OSLER

Salade à la diable aux œufs et aux cornichons

Salade
6 œufs, cuits durs et écalés
80 g (1/3 tasse) de Mayonnaise maison (p. 243) ou du commerce
1 c. à café (1 c. à thé) de moutarde de Dijon
2 c. à soupe de cornichons, hachés finement
Sel et poivre noir frais moulu
3 endives, en feuilles séparées

Vinaigrette
6 c. à soupe d'huile d'olive extravierge
3 c. à soupe de jus de citron frais pressé
Sel et poivre noir frais moulu

Couper les œufs en deux sur la longueur. Retirer les jaunes et les mettre dans un bol. Les piler à l'aide d'une fourchette. Ajouter la mayonnaise, la moutarde, les cornichons et assaisonner de sel et de poivre. Mélanger jusqu'à ce que le tout soit bien amalgamé.

Farcir les blancs d'œufs avec le mélange.

Dans chacune des 6 assiettes à salade, disposer des feuilles d'endive sur un côté et 2 moitiés d'œuf de l'autre.

Mettre tous les ingrédients qui composent la vinaigrette dans une tasse ou un petit bol et fouetter jusqu'à épaississement. Verser un filet de vinaigrette sur les endives et servir immédiatement.

6 portions

Le saint est celui qui met l'accent sur ce que le reste du monde néglige.

G. K. Chesterton

Salade sainte Scholastique

Sainte Scholastique était la sœur jumelle de saint Benoît de Nursie et sa fête est célébrée le 10 février. Il s'agit d'une importante fête monastique qui vient illuminer les longues journées de l'hiver. En Occident, saint Benoît est considéré comme le père des moines et sa sœur est honorée comme étant la mère des moniales.

Salade

140 g (1 tasse) de petits pois frais écossés ou congelés
1 bulbe de fenouil, sans les tiges et coupé en fines tranches
12 tomates cerises, coupées en deux
2 échalotes ou 1 oignon moyen, hachés
30 g (1/4 tasse) de roquefort, émietté
Quelques brins de persil plat frais, hachés finement

Vinaigrette crémeuse au fromage bleu

125 g (1/2 tasse) de yogourt nature léger
6 c. à soupe d'huile d'olive extravierge
2 c. à soupe de vinaigre blanc distillé
1 c. à soupe de jus de citron frais pressé
1 c. à café (1 c. à thé) de moutarde de Dijon
30 g (1/4 tasse) de fromage bleu, émietté, (roquefort ou au choix)
Sel et poivre blanc, au goût

Cuire les petits pois, s'ils sont frais, dans l'eau salée de 10 à 12 min, jusqu'à ce qu'ils soient tendres. Égoutter et laisser refroidir. Mettre les petits pois dans un saladier. Ajouter le fenouil, les tomates, les échalotes, le fromage, le persil et mélanger légèrement. Réfrigérer jusqu'au moment de servir.

Dans un mélangeur, mixer vivement le yogourt, l'huile d'olive, le vinaigre, le jus de citron, la moutarde jusqu'à obtention d'une crème onctueuse. Verser le mélange dans un petit bol, ajouter le fromage et, à l'aide d'une fourchette, piler jusqu'à l'obtention d'un mélange crémeux. Saler et poivrer au goût. Couvrir et réfrigérer jusqu'au moment de servir.

Avant de servir, verser la vinaigrette sur la salade et mélanger pour enrober tous les légumes. Servir immédiatement.

4 portions

Salade de fruits royale

Nous servons toujours cette salade comme dessert.

Salade

1 petit ananas mûr, pelé, évidé au centre et coupé en morceaux
3 oranges navels, pelées, sans les filaments blancs, séparées en quartiers coupés en deux
14 fraises fraîches, équeutées et coupées en deux
1 petit melon mûr, épépiné, pelé et coupé en cubes

Vinaigrette

125 ml (1/2 tasse) de jus d'orange
2 c. à soupe de jus de citron frais pressé
5 c. à soupe de miel

250 g (1 tasse) de yogourt nature ou à la vanille
Les feuilles d'une botte de menthe fraîche, hachées finement

Mettre tous les fruits dans un grand bol en verre et mélanger légèrement.

Dans un mélangeur, mixer vivement le jus d'orange, le jus de citron et le miel. Verser sur la salade, remuer pour enrober tous les fruits et réfrigérer de 2 à 3 h.

Servir la salade froide dans des assiettes individuelles. Mettre 2 généreuses cuillerées de yogourt sur le dessus de chacune, parsemer de menthe et servir.

6 à 8 portions

On devrait faire des sermons sur les régimes au moins une fois par semaine dans les églises.

G. C. Lichtemberg

Mars

Salade jardinière à la sauce au caviar

Généralement, nous ne mangeons pas de caviar au monastère. Ce régal est peu commun chez les moines, sauf pour de très grandes occasions à l'extérieur du monastère, peut-être une fois au cours d'une vie !

Salade

1 laitue feuilles de chêne, séparée en feuilles
1 botte de roquette, équeutée
1 botte de cresson, équeutée
2 poivrons verts, épépinés et coupés en lanières fines sur la longueur

Sauce au caviar

80 g (1/3 tasse) de Mayonnaise maison (p. 243) ou du commerce
3 c. à soupe de crème fraîche ou de crème sure
30 g (1/3 tasse) de caviar noir, ou plus au goût
1 c. à soupe de jus de citron frais pressé
2 c. à soupe de sauce tomate
Sel et poivre noir frais moulu

Mélanger les légumes en feuilles et les poivrons dans un grand saladier.

Avant de servir, mélanger tous les ingrédients qui composent la vinaigrette dans un petit bol ou une tasse. (Cette vinaigrette peut se préparer quelques heures à l'avance et se conserver au réfrigérateur.) Verser la vinaigrette sur la salade et mélanger pour enrober tous les légumes. Servir immédiatement.

6 portions

Salade étrusque

Salade

480 g (1 lb) de fusillis

450 g (15 1/2 oz) de gourganes en conserve, rincées et égouttées

180 g (1 1/2 tasse) de cœurs d'artichauts en conserve, égouttés et hachés

4 oignons verts, hachés grossièrement

10 g (1/3 tasse) de feuilles de persil plat, hachées finement

Vinaigrette

80 ml (1/3 tasse) d'huile d'olive extravierge

1 c. à soupe de vinaigre de vin rouge

Sel et poivre noir frais moulu

40 g (1/3 tasse) de pecorino, râpé

Cuire les pâtes dans une casserole remplie d'eau bouillante salée, jusqu'à ce qu'elles soient tendres, mais un peu croquantes sous la dent (*al dente*). Égoutter et rincer à l'eau froide, égoutter de nouveau en remuant énergiquement la passoire. Mettre les pâtes dans un grand saladier. Ajouter les gourganes, les cœurs d'artichauts, les oignons verts et le persil.

Dans un petit bol ou une tasse, fouetter ensemble tous les ingrédients qui composent la vinaigrette jusqu'à épaississement. Verser sur la salade et mélanger pour bien enrober tous les légumes. Saupoudrer de fromage et servir immédiatement.

6 à 8 portions

Il y a tant d'art dans la nature,
que l'art même ne consiste qu'à
la bien entendre et à l'imiter.

BOSSUET

Salade de pâtes et de tomates séchées

Salade
480 g (1 lb) de pennes
10 tomates séchées, conservées dans l'huile et hachées grossièrement
100 g (2 tasses) d'épinards, émincés
1 avocat mûr mais ferme, pelé, dénoyauté et coupé en cubes
1 oignon rouge moyen, en fines tranches
40 g (1/3 tasse) d'olives niçoises, égouttées et dénoyautées

Vinaigrette
125 ml (1/2 tasse) + 2 c. à soupe d'huile d'olive extravierge
1 c. à soupe de vinaigre de vin rouge
2 c. à café (2 c. à thé) de jus de citron frais pressé
1 c. à café (1 c. à thé) de moutarde de Dijon, de Meaux ou au choix
Sel et poivre noir frais moulu

Parmesan frais, râpé

Cuire les pâtes dans une casserole remplie d'eau bouillante salée, jusqu'à ce qu'elles soient tendres, mais un peu croquantes sous la dent (*al dente*). Égoutter et rincer à l'eau froide, égoutter de nouveau en secouant énergiquement la passoire. Mettre les pâtes et le reste des ingrédients de la salade dans un grand saladier.

Dans un petit bol ou une tasse, fouetter ensemble tous les ingrédients qui composent la vinaigrette jusqu'à épaississement. Verser sur la salade et mélanger pour bien enrober tous les légumes. Saupoudrer de parmesan et servir à température ambiante.

6 à 8 portions

Salade de papayes et d'endives à la sauce rémoulade

Salade

3 papayes moyennes, mûres mais fermes, pelées, épépinées et coupées en julienne
3 endives, feuilles séparées et coupées en lanières fines sur la longueur
2 petites échalotes, émincées
2 c. à soupe de jus de citron frais pressé

Sauce rémoulade

6 c. à soupe de Mayonnaise maison (p. 243) ou du commerce
1 c. à soupe de moutarde de Dijon
Sel et poivre noir frais moulu

Cuire la julienne de papaye dans une casserole d'eau bouillante salée de 2 à 3 min. Éteindre le feu et laisser reposer environ 10 min. Rincer et égoutter sous l'eau froide. Secouer énergiquement la passoire pour enlever l'eau complètement. Mettre la papaye dans un saladier moyen, ajouter les endives, les échalotes, le jus de citron et mélanger légèrement.

Dans une tasse ou un petit bol, fouetter ensemble les ingrédients de la rémoulade jusqu'à consistance onctueuse. Verser sur la salade et mélanger légèrement. Couvrir et réfrigérer au moins 1 h. Servir froid en entrée.

4 à 6 portions

La seule récompense de la vertu est la vertu…

Ralph Waldo Emerson

Salade de dattes et de noix de Madagascar

Servir cette salade en entrée sur un lit de laitue.

Salade

4 branches de céleri, hachées finement

180 g (1 tasse) de dattes, hachées

4 pommes, pelées, évidées et coupées en fines tranches

2 poivrons rouges moyens, épépinés et coupés en dés

1 concombre anglais, pelé, coupé en quatre sur la longueur, épépiné et coupé en cubes

2 échalotes, hachées finement

60 g (1/2 tasse) d'amandes tranchées

Vinaigrette

60 ml (1/4 tasse) de jus d'orange

2 c. à soupe de jus de citron frais pressé

2 c. à café (2 c. à thé) de miel

1 c. à café (1 c. à thé) de moutarde de Dijon, de Meaux ou au choix

Une pincée de Cayenne

Sel au goût

125 g (1/2 tasse) de yogourt nature

Dans un grand bol, mélanger tous les ingrédients qui composent la salade.

Mettre les jus d'agrumes, le miel, la moutarde, le Cayenne et le sel dans une petite casserole et faire chauffer à feu doux. Retirer de la chaleur et laisser refroidir. Verser la vinaigrette sur la salade et mélanger légèrement. Ajouter le yogourt et bien mélanger pour enrober le tout. Réfrigérer au moins 2 h avant de servir.

4 à 6 portions

Salade de céleri aux œufs et aux radis, sauce à l'estragon

Cette salade est un excellent choix pour un buffet ou une fête improvisée.

Salade
1 petite chicorée frisée
3 œufs, cuits durs, écalés et hachés grossièrement
3 branches de céleri, en fines tranches
8 radis, équeutés et coupés en fines tranches
2 échalotes, hachées finement

Sauce à l'estragon
125 ml (1/2 tasse) de crème sure ou de crème fraîche légère
3 c. à soupe de jus de citron frais pressé
125 ml (1/2 tasse) de crème (35 %) ou moitié moitié
3 c. à soupe d'estragon frais, haché
Sel et poivre noir frais moulu

Tapisser une grande assiette de chicorée coupée en bouchées. Mettre les œufs dans un bol profond, ajouter le céleri, les radis, les échalotes et mélanger légèrement.

À l'aide d'un mélangeur, mixer tous les ingrédients qui composent la vinaigrette. Verser sur le mélange aux œufs et bien mélanger la chicorée. Servir immédiatement.

6 portions

Arbres de la forêt, vous connaissez mon âme.

VICTOR HUGO

Salade bistro aux œufs

Croûtons
3 c. à soupe d'huile d'olive
40 g (1 tasse) de pain croûté, en cubes
1 gousse d'ail, émincée

Salade
1 laitue romaine
2 échalotes ou 1 petit oignon rouge, hachés finement
3 tomates prunes, en quartiers
6 gros œufs

Vinaigrette
80 ml ($^{1}/_{3}$ tasse) d'huile d'olive extravierge
3 c. à soupe de vinaigre d'estragon
1 c. à café (1 c. à thé) de moutarde de Dijon
Sel et poivre noir frais moulu

De toutes les qualités du cuisinier, la plus indispensable est l'exactitude.

Anthelme Brillat-Savarin

Chauffer l'huile dans un poêlon moyen à feu moyen. Ajouter le pain, l'ail et cuire jusqu'à ce que le pain soit doré. Retirer de la chaleur et laisser refroidir.

Couper la laitue en bouchées et la mettre dans un grand saladier. Ajouter les croûtons, les échalotes, les tomates et bien mélanger.

Casser les œufs délicatement dans une casserole remplie à demi d'eau bouillante salée et frémissante et faire pocher environ 3 min. Retirer les œufs à l'aide d'une écumoire, rincer brièvement sous l'eau froide et égoutter. Les œufs devraient être tendres au centre.

Pendant que les œufs cuisent, mettre tous les ingrédients qui composent la vinaigrette dans un petit bol ou une tasse et fouetter jusqu'à épaississement. Verser sur la salade et mélanger légèrement.

Partager la salade dans 6 assiettes. Mettre un œuf au centre de chacune. Servir immédiatement.

6 portions

Salade aux œufs et au fromage à la hollandaise

Salade

3 betteraves moyennes, pelées, coupées en dés, cuites dans l'eau bouillante salée de 3 à 5 min jusqu'à ce qu'elles soient tendres et bien égouttées

3 endives, feuilles séparées et coupées en morceaux de 2,5 cm (1 po)

160 g (1/3 lb) de jalsberg ou de gouda, coupé en julienne

4 œufs, cuits durs, écalés et coupés en tranches

3 échalotes, hachées grossièrement

Vinaigrette

250 g (1 tasse) de yogourt nature léger

2 c. à soupe de moutarde de Dijon

3 c. à soupe de jus de citron frais pressé

3 c. à soupe de ciboulette, hachée finement

Une pincée de cumin moulu

Poivre noir frais moulu, au goût

Mettre les betteraves cuites dans un grand bol. Ajouter les endives, le fromage, les œufs, les échalotes et mélanger délicatement.

Mettre tous les ingrédients qui composent la vinaigrette dans un petit bol ou une tasse et fouetter jusqu'à consistance onctueuse. Verser sur la salade et mélanger pour bien enrober tous les légumes. Servir immédiatement.

6 à 8 portions

Salade de saumon à l'avocat

Servir en entrée, en plat d'accompagnement ou en plat principal pour un goûter léger ou un brunch.

240 g (8 oz) de saumon en flocons en conserve, égoutté, sans peau ni arêtes
2 avocats moyens mûrs mais fermes, dénoyautés, pelés et coupés en morceaux
2 oignons verts, hachés finement
2 c. à café (2 c. à thé) de câpres, égouttées
60 ml (1/4 tasse) de jus de citron frais pressé
Une pincée de sel et poivre noir frais moulu
125 g (1/2 tasse) de Mayonnaise maison (p. 243) ou du commerce
1 petite laitue Boston, en feuilles séparées

Dans un grand saladier, mettre le saumon, les avocats, les oignons verts, les câpres, le jus de citron, le sel, le poivre et bien mélanger. Ajouter la mayonnaise et mélanger pour bien enrober tous les légumes. Couvrir et réfrigérer jusqu'au moment de servir.

Tapisser 3 ou 4 feuilles de laitue dans chaque assiette. Garnir d'une portion de salade et servir immédiatement.

4 à 6 portions

Salade paradiso

Salade
1 laitue romaine, en bouchées
75 g (1/2 tasse) de croûtons
1 petit oignon rouge, haché grossièrement
30 g (1/4 tasse) de parmesan frais, râpé
135 g (4 1/2 oz) de saumon fumé, en fines lanières

Vinaigrette
125 ml (1/2 tasse) de vinaigrette César
2 c. à café (2 c. à thé) d'huile d'olive extravierge
2 c. à café (2 c. à thé) de jus de citron frais pressé
Sel et poivre noir frais moulu

Dans un grand bol, mélanger tous les ingrédients qui composent la salade.

Dans une tasse ou dans un petit bol, fouetter tous les ingrédients de la vinaigrette jusqu'à ce qu'ils soient bien amalgamés.

Partager la salade dans 6 assiettes. Verser la vinaigrette sur chaque portion et servir immédiatement.

6 portions

Un vaste et tendre
Apaisement
Semble descendre
Du firmament
Que l'astre irise…

Paul Verlaine

Salade sicilienne aux pommes de terre
(Insalata di Patate)

Servir cette salade à température ambiante ou réfrigérer 1 h et servir froid.

Salade
960 g (2 lb) de petites pommes de terre rouges, pelées et cuites dans l'eau bouillante salée jusqu'à ce qu'elles soient tendres, égouttées et coupées en quatre
1 cœur de céleri, haché finement
1 oignon rouge, haché finement
120 g (1 tasse) d'olives noires siciliennes, égouttées, dénoyautées et hachées
60 g (1/4 tasse) de câpres, égouttées
1 cornichon, haché finement (facultatif)
Quelques brins de persil plat frais, émincés finement

Vinaigrette
80 ml (1/3 tasse) d'huile d'olive sicilienne ou au choix
2 c. à soupe de marsala sec
2 c. à soupe de vinaigre de vin rouge
Sel et poivre noir frais moulu

Mettre les pommes de terre cuites dans un saladier creux. Ajouter le céleri, les oignons, les olives, les câpres, les cornichons, le persil et mélanger légèrement.

Mettre tous les ingrédients qui composent la vinaigrette dans un petit bol ou une tasse et fouetter jusqu'à épaississement. Verser sur la salade et mélanger pour bien enrober tous les légumes.

6 à 8 portions

On devient ce que l'on fait.
DICTON ESPAGNOL

Salade Farnese

(Insalata Farnese)

La famille Farnese était une famille noble italienne qui possédait un élégant domaine au cœur de Rome. On y trouve de nos jours l'ambassade française ainsi qu'une prestigieuse bibliothèque. La piazza Farnese, en face du domaine, sert de grand marché où l'on vend les produits de la ferme. Cette salade est habituellement servie en entrée, quand la laitue se fait rare.

Salade

2 bulbes de fenouil moyens, sans les tiges et coupés en tranches
2 endives moyennes, en feuilles séparées et coupées en deux sur la longueur
3 oranges, pelées, sans les filaments blancs et séparées en quartiers
1 oignon rouge moyen, en fines tranches
7 g (1/4 tasse) de persil plat frais, haché

Vinaigrette

125 ml (1/2 tasse) d'huile d'olive extravierge
2 c. à soupe de jus de citron frais pressé
2 c. à soupe de jus d'orange
2 c. à café (2 c. à thé) de miel
Sel et poivre noir frais moulu

Dans un grand saladier, mélanger tous les ingrédients qui composent la salade.

Avant de servir, mettre tous les ingrédients de la vinaigrette dans un petit bol ou une tasse et fouetter jusqu'à épaississement. Verser sur la salade à la dernière minute et mélanger pour bien enrober tous les légumes.

6 à 8 portions

Salade mimosa

Au printemps, le mimosa, comme le forsythia, couvre ses branches de fleurs jaunes. En cuisine, le terme mimosa fait référence à la couleur des jaunes d'œufs qu'on utilise comme garniture.

Salade
1 petite laitue beurre, en feuilles séparées
1 petite chicorée frisée, en feuilles séparées
1 botte de mâche
2 endives moyennes, en feuilles séparées
1 botte de cresson

Vinaigrette
125 ml (1/2 tasse) d'huile d'olive extravierge
60 ml (1/4 tasse) de vinaigre d'estragon
1 c. à café (1 c. à thé) de moutarde de Dijon, de Meaux ou autre
Sel et poivre noir frais moulu

3 œufs, cuits durs, écalés et hachés finement

Ne pas détacher les feuilles des différentes laitues; couper seulement le bout qui retient les feuilles. Les couvrir avec un papier absorbant humide jusqu'au moment de servir ou les réfrigérer quelques heures. De cette façon, les légumes demeurent frais et croquants. Au moment de servir, séparer les légumes en feuilles et les mettre dans un grand saladier.

Mettre tous les ingrédients de la vinaigrette dans un petit bol ou une tasse et fouetter jusqu'à épaississement. Verser sur la salade et mélanger doucement pour bien enrober tous les légumes. Saupoudrer avec les œufs et servir immédiatement.

6 à 8 portions

Salade picarde

Salade

1 petit chou-fleur, séparé en petits bouquets de la grosseur d'une bouchée

1/2 chou pommé rouge, sans le trognon et coupé en fines lanières

1 oignon rouge moyen, en fines tranches

1 petit concombre, pelé, épépiné et coupé en cubes

60 g (1/2 tasse) de noix, hachées

2 œufs, cuits durs, écalés et hachés

60 g (1/2 tasse) de roquefort ou d'un autre fromage bleu, émietté

Vinaigrette

80 ml (1/3 tasse) d'huile d'olive extravierge

60 ml (1/4 tasse) de vinaigre de vin rouge

Sel et poivre noir frais moulu

Dans une grande casserole remplie d'eau bouillante salée, cuire les choux-fleurs 3 à 4 min, jusqu'à ce qu'ils soient tendres, ou environ 12 min au bain-marie. Retirer du feu, égoutter et rincer à l'eau froide. Sécher et laisser refroidir.

Mettre les bouquets de chou-fleur dans un grand saladier. Ajouter le chou, les oignons, les concombres et mélanger légèrement. Au moment de servir, ajouter les noix, les œufs, le fromage et touiller.

Mettre tous les ingrédients de la vinaigrette dans un petit bol ou une tasse et fouetter jusqu'à épaississement. Verser sur la salade et mélanger doucement pour bien enrober tous les légumes. Servir immédiatement. (Il est possible aussi de mettre les noix, les œufs et le fromage après la vinaigrette. C'est une question de goût.)

6 à 8 portions

Ne sois pas inquiet à propos de ce que tu as mais de ce que tu es.

GRÉGOIRE DE NYSSE

Salade saint Joseph

Saint Joseph, père de Jésus et époux de Marie, est appelé dans les Évangiles « l'homme juste ». Il était vertueux et toujours obéissant aux commandements de Dieu. En liturgie, on célèbre sa fête solennelle le 19 mars puis on le célèbre de nouveau le 1er mai pour la fête des Travailleurs. Cet humble menuisier est le modèle et le patron des travailleurs manuels. Servir cette salade avant ou après le repas principal. Elle suffit aussi pour un goûter léger.

Salade
240 g (8 oz) de jeunes pousses d'épinards
1 petite chicorée de Trévise (radicchio), en filaments
18 tomates cerises
6 œufs, cuits durs, écalés et coupés en quartiers
2 échalotes, hachées finement

Vinaigrette
125 ml (1/2 tasse) d'huile d'olive extravierge
2 c. à soupe de vinaigre d'estragon
1 c. à café (1 c. à thé) de moutarde de Dijon
Sel et poivre noir frais moulu

Dans un grand saladier, mélanger les épinards et la chicorée. Partager la salade dans 6 assiettes. Disposer harmonieusement les tomates et les œufs. Garnir d'échalotes.

Mettre tous les ingrédients de la vinaigrette dans un petit bol ou une tasse, fouetter jusqu'à épaississement et verser sur chaque portion. Servir immédiatement.

6 portions

Des salades et des saints

Comme le calendrier grégorien, le calendrier monastique reste le même d'une année à l'autre. On peut se fier à sa régularité immuable. Il correspond aux saisons liturgiques et nous invite chaque jour à commémorer les saints que nous considérons comme des intercesseurs et des amis de Dieu. Il n'est donc pas étonnant que plusieurs de mes recettes portent le nom d'un saint ou d'une sainte. Cela va de soi pour moi puisque chaque jour je prie le saint que l'Église nous invite à célébrer. J'aime garder la compagnie de la Mère de Dieu et des saints parce que leur vie et leurs paroles m'inspirent profondément.

Un jour, quelqu'un m'a demandé si les recettes auxquelles j'avais donné le nom d'un saint avaient une signification mystique particulière. Cette personne croyait que c'étaient ces saints eux-mêmes qui avaient créé lesdites recettes. Elle a semblé surprise et déçue par la simplicité de ma réponse. Je lui ai dit qu'il existait plusieurs façons d'honorer les saints et de conserver leur mémoire toujours vivante. L'une de mes manières préférées de leur rendre hommage est de donner leurs noms à des recettes afin que mes lecteurs pensent à eux à leur tour.

Il y a quelques années, j'ai donné une conférence et une séance de signature dans une librairie de ma région. Les directeurs de l'endroit m'ont ensuite invité à manger avec eux. Ils étaient très sympathiques et j'ai beaucoup apprécié leur compagnie. Au moment de nous mettre à table, ils ont annoncé à mon grand étonnement qu'ils avaient préparé le repas en utilisant mes recettes. Après le repas principal, l'hôtesse a annoncé : « Voici la salade saint Joseph ! » Tout le monde a bien ri et l'un des convives m'a demandé pourquoi je l'avais baptisée ainsi. J'ai eu du mal à répondre parce que saint Joseph occupe une place très importante dans ma vie. J'ai commencé par expliquer que Joseph était l'époux de Marie et le père adoptif de Jésus et que je pouvais toujours compter sur sa protection infaillible. Cette recette était pour moi une humble façon de le remercier.

Au moment de quitter, une personne s'est approchée de moi en me disant : « Merci de nous avoir parlé ainsi de saint Joseph. Je n'avais encore jamais entendu parler de lui. » De retour au monastère, je suis allé à la chapelle pour les complies. J'ai contemplé l'icône de saint Joseph avec un amour et une dévotion renouvelés. J'avais l'impression qu'une aura toute spéciale émanait de l'icône, comme si le saint essayait de communiquer avec moi. Peut-être voulait-il simplement me remercier d'avoir honoré sa mémoire.

Dieu est le plus court chemin du zéro à l'infini, dans un sens ou dans l'autre.

Henri-Frédéric Amiel

Avril

Salade mixte à la romaine

(Insalata Romana)

Salade

1 laitue rouge frisée
1 petite chicorée frisée
1 botte de jeunes pousses d'épinards
1 botte de roquette
1 botte de cresson
1 botte de feuilles de pissenlits
1 petit bulbe de fenouil, sans les tiges et coupé en fines tranches
4 oignons verts, en fines tranches
Les feuilles d'une botte de persil plat frais, hachées finement
10 feuilles de basilic frais, hachées finement

Vinaigrette

125 ml (1/2 tasse) d'huile d'olive fruitée extravierge
60 ml (1/4 tasse) de vinaigre balsamique
Sel et poivre noir frais moulu

Équeuter tous les légumes en feuilles. Les mettre dans un grand saladier, ajouter le fenouil, les oignons verts, le persil, le basilic et bien mélanger.

Mettre tous les ingrédients de la vinaigrette dans un petit bol ou une tasse et fouetter jusqu'à épaississement. Verser sur la salade et mélanger doucement pour bien enrober tous les légumes. Servir immédiatement.

6 à 8 portions

Salade fraîche aux pissenlits

Voici une bonne salade à servir après le repas principal. Elle aide à la digestion.

Salade
240 g (8 oz) de feuilles de pissenlits, équeutées
1 trévise (radicchio) moyenne, en filaments
1 laitue frisée ou une laitue feuilles de chêne, en gros morceaux
1 petite Boston ou autre laitue pommée, en gros morceaux
3 tranches de bacon, grillées, égouttées et émiettées (facultatif)

Vinaigrette
80 ml (1/3 tasse) d'huile d'olive extravierge
5 c. à soupe de Vinaigre aromatisé aux framboises (p. 241)
Sel et poivre noir frais moulu

Mélanger tous les légumes en feuilles dans un grand saladier. Pour les non-végétariens, ajouter le bacon au goût.

Mettre tous les ingrédients de la vinaigrette dans un petit bol ou une tasse et fouetter jusqu'à épaississement. Verser sur la salade, mélanger légèrement et servir.

6 à 8 portions

Ainsi, l'essentiel pour le bonheur de la vie, c'est ce que l'on a en soi-même.

ARTHUR SCHOPENHAUER

Salade de gourganes à l'égyptienne

Cette salade peut se servir en entrée ou comme plat principal. Elle est très appréciée par les végétariens.

Salade

450 g (2 tasses) de gourganes ou autres fèves fraîches, écossées (environ 480 g / 1 lb de fèves dans leur cosse)
1 oignon rouge moyen, haché finement
1 poivron rouge, épépiné et coupé en dés
1 poivron jaune, épépiné et coupé en dés
Quelques brins de persil plat frais, hachés
6 œufs, cuits durs

Vinaigrette

7 c. à soupe d'huile d'olive extravierge
3 c. à soupe de jus de citron frais pressé
1 c. à café (1 c. à thé) de cumin moulu
Une pincée de cayenne
Une pincée de thym séché
Sel au goût

Cuire les gourganes de 12 à 15 min dans l'eau bouillante salée, jusqu'à ce qu'elles soient tendres. Égoutter, rincer à l'eau froide, retirer la peau et mettre dans un saladier. Ajouter les oignons, les poivrons, le persil et bien mélanger. Écaler les œufs et les couper en deux sur la longueur. Réserver.

Mettre tous les ingrédients de la vinaigrette dans un petit bol ou une tasse et fouetter jusqu'à épaississement. Verser sur la salade et mélanger légèrement pour bien enrober tous les légumes.

Partager la salade dans 6 assiettes et mettre 2 moitiés d'œuf dans chacune. Servir immédiatement.

6 portions

Salade de gourganes aux œufs

(Insalata di fave)

Commencez votre repas par cette délicieuse salade.

Salade

450 g (2 tasses) de gourganes ou autres fèves fraîches, écossées (environ 480 g / 1 lb de fèves dans leur cosse)
1 cœur de céleri, en fines tranches
1 petit oignon, haché finement
60 g (1/2 tasse) d'olives noires, dénoyautées, égouttées et hachées grossièrement
6 feuilles de menthe fraîche, hachées finement

Vinaigrette

80 ml (1/3 tasse) d'huile d'olive extravierge
2 c. à café (2 c. à thé) de vinaigre de vin rouge
2 c. à café (2 c. à thé) de jus de citron frais pressé
Sel et poivre noir frais moulu

2 œufs, cuits durs, écalés et hachés

Cuire les gourganes de 12 à 15 min dans l'eau bouillante salée, jusqu'à ce qu'elles soient tendres. Égoutter, rincer à l'eau froide, retirer la peau et mettre dans un saladier profond. Ajouter le céleri, les oignons, les olives, la menthe et mélanger légèrement.

Mettre tous les ingrédients de la vinaigrette dans un petit bol ou une tasse et fouetter jusqu'à épaississement. Verser sur la salade et mélanger pour bien enrober tous les légumes. Parsemer d'œuf et servir à température ambiante.

4 portions

Quand l'estomac est plein, il est facile de parler du jeûne.

SAINT JÉRÔME

Salade de carottes à la spartiate

Cette salade est servie généralement en entrée et toujours froide.

Salade

6 carottes moyennes, pelées et râpées ou coupées en filaments
1 petite trévise (radicchio), en filaments
1 petit oignon blanc, haché finement
7 g (1/4 tasse) de persil plat frais, haché finement

Vinaigrette

80 ml (1/3 tasse) d'huile d'olive extravierge
2 c. à soupe de vinaigre de vin blanc
2 c. à café (2 c. à thé) de jus de citron frais pressé
1 c. à café (1 c. à thé) de moutarde au miel
Sel et poivre noir frais moulu

Mettre les carottes et la trévise dans un grand saladier. Réfrigérer jusqu'au moment de servir. Avant de servir, ajouter les oignons, le persil et bien mélanger.

Dans un petit bol ou une tasse, fouetter ensemble tous les ingrédients de la vinaigrette jusqu'à épaississement. Rectifier l'assaisonnement au besoin. Verser sur la salade et mélanger pour bien enrober tous les légumes. Servir immédiatement.

6 portions

On ne reçoit pas la sagesse, il faut la découvrir soi-même, après un trajet que personne ne peut faire pour nous, ne peut nous épargner.

MARCEL PROUST

Salade bon appétit

Voici une recette traditionnelle qui transcende le temps et les modes.

Salade

480 g (1 lb) de laitues mélangées ou de mesclun, en bouchées
1 grosse carotte, en filaments
1/4 de petit chou rouge, en filaments
1 gros poivron vert, épépiné et coupé en fines lanières sur la longueur
2 oignons verts, en fines tranches

Vinaigrette

125 ml (1/2 tasse) d'huile d'olive extravierge
5 c. à soupe de vinaigre de vin au choix
1 c. à soupe de moutarde de Dijon
Sel et poivre noir frais moulu

Mettre tous les légumes dans un grand saladier et bien mélanger.

Mettre tous les ingrédients de la vinaigrette dans un petit bol ou une tasse et fouetter jusqu'à épaississement. Rectifier l'assaisonnement au besoin. Verser sur la salade et mélanger pour bien enrober tous les légumes. Servir immédiatement.

8 portions

Salade de Séville

Cette salade rafraîchissante est à base d'oranges de Séville. Celles-ci sont très appréciées pour leur goût sucré.

Salade

3 oranges de Séville, pelées, sans filaments blancs, séparées en quartiers et épépinées
240 g (8 oz) de jeunes pousses d'épinards
1 oignon rouge, coupé en deux, puis en fines demi-lunes séparées en lanières
20 olives noires, dénoyautées et coupées en deux

Vinaigrette

80 ml (1/3 tasse) d'huile d'olive espagnole extravierge ou autre
60 ml (1/4 tasse) + 1 c. à soupe de vinaigre de xérès
Sel et poivre noir frais moulu

Mettre les oranges dans un grand saladier profond, ajouter les épinards, les oignons, les olives et bien mélanger.

Mettre tous les ingrédients de la vinaigrette dans un petit bol ou une tasse et fouetter jusqu'à épaississement. Verser sur la salade et mélanger pour bien enrober tous les légumes. Servir immédiatement.

6 portions

C'est dans le cœur de l'homme qu'est la vie du spectacle de la nature ; pour le voir, il faut le sentir.

JEAN-JACQUES ROUSSEAU

Salade d'artichauts à la grecque

Servez cette salade en entrée ou pour accompagner le plat principal.

16 petits artichauts
60 ml (1/4 tasse) de jus de citron frais pressé et un peu plus
125 ml (1/2 tasse) d'huile d'olive
1 feuille de laurier
4 brins de persil plat frais, hachés finement
Sel et poivre noir frais moulu
3 tomates moyennes mûres, pelées, épépinées et hachées finement

Pour préparer les artichauts, on doit retirer la tige et les feuilles à la base. À l'aide d'un couteau bien affûté, couper les feuilles autour du fond ainsi que la base qui retenait la tige. Couper ensuite les feuilles aux deux tiers de la hauteur. Couper le contour pour prélever le vert foncé des feuilles. À l'aide d'une petite cuillère, retirer le foin pour dégager le cœur. Procéder de la même manière pour le reste des artichauts et les mettre dans une casserole remplie d'eau froide citronnée environ 30 min.

Dans une poêle à frire assez profonde, mettre les artichauts, ajouter 6 c. à soupe d'huile d'olive, la feuille de laurier et le persil. Saler, poivrer et verser l'eau froide citronnée dans la poêle pour couvrir les artichauts. Cuire à couvert, à feu moyen-doux, environ 20 min, jusqu'à ce que les cœurs d'artichauts soient tendres. Laisser refroidir dans la poêle avec le liquide.

Avant de servir, égoutter les cœurs avec grand soin et les mettre dans un grand saladier. Ajouter les tomates, quelques gouttes de jus de citron et 2 c. à soupe d'huile. Bien remuer et servir.

4 portions

Salade de thon aux œufs

4 œufs, cuits durs, écalés

Sauce au thon
250 g (1 tasse) de Mayonnaise maison (p. 243) ou du commerce
2 c. à soupe de ketchup
75 g (3 1/2 oz) de thon en conserve, égoutté
1 c. à soupe de jus de citron frais pressé
1 échalote, hachée finement
2 c. à soupe de yogourt nature
1 c. à soupe de câpres, égouttées et hachées

100 g (3 1/2 oz) de lanières de piment rouge en conserve, égouttées et coupées en fines tranches
Aneth frais, haché finement

Couper les œufs en deux sur la longueur. Disposer 2 demi-œuf dans chaque assiette, côté coupé vers le haut.

Dans un mélangeur, mettre la mayonnaise, le ketchup, le thon, le jus de citron, les échalotes, le yogourt, les câpres et mixer. Réfrigérer jusqu'au moment de servir.

Avant de servir, verser la sauce au thon sur les œufs, décorer avec les piments et garnir d'aneth.

4 portions

Salade de pommes de terre aux œufs et au thon, vinaigrette à la moutarde et à l'estragon

Salade

4 œufs, cuits durs, écalés et hachés grossièrement

6 pommes de terre, pelées, coupées en cubes, cuites dans l'eau bouillante salée jusqu'à ce qu'elles soient tendres, et égouttées

1 cœur de céleri, en fines tranches

1 oignon rouge, haché finement

180 g (6 oz) de thon en conserve, haché grossièrement

Vinaigrette à l'estragon

250 ml (1 tasse) de crème sure ou de crème fraîche légère

1 jaune d'œuf, très frais

2 c. à soupe de jus de citron frais pressé

1 c. à soupe de moutarde de Dijon

2 c. à soupe d'estragon frais, haché finement

Sel et poivre noir frais moulu

1 laitue frisée verte ou rouge, en feuilles séparées

Mettre les œufs, les pommes de terre, le céleri, les oignons et le thon dans un grand saladier. Mélanger légèrement.

Dans un bol profond, fouetter tous les ingrédients qui composent la vinaigrette jusqu'à consistance onctueuse. Rectifier l'assaisonnement au besoin. Verser la vinaigrette sur la salade et mélanger pour bien enrober tous les légumes. Réfrigérer au moins 2 h pour bien refroidir.

Tapisser une grande assiette de feuilles de laitue, garnir avec la salade refroidie et servir.

6 à 8 portions

La plupart des gens mangent comme s'ils s'engraissaient eux-mêmes pour être vendus au marché.

E. W. Howe

Taramasalata aux œufs

Le tarama est une sauce grecque à base d'œufs de carpe. Il est facile de s'en procurer dans les épiceries fines ou dans les sections spécialisées de plusieurs supermarchés.

Salade
6 œufs, cuits durs et écalés
120 g (4 oz) de tarama du commerce
4 tomates mûres, en dés
1 concombre moyen, pelé, épépiné et coupé en dés
1 poivron rouge ou vert, épépiné et coupé en dés
1 avocat mûr mais ferme, pelé, dénoyauté et coupé en dés
1 pomme verte, pelée, évidée et coupée en dés

Vinaigrette
6 c. à soupe d'huile d'olive extravierge
2 c. à soupe de jus de citron frais pressé
1/2 c. à café (1/2 c. à thé) de moutarde de Dijon, de Meaux ou autre
Sel et poivre noir frais moulu

Cerfeuil frais, haché finement

Couper les œufs en deux sur la longueur. Retirer les jaunes délicatement et les mettre dans un petit bol. À l'aide d'une fourchette, piler les jaunes. Ajouter le tarama et bien mélanger.

Couper une fine tranche à la base des œufs pour qu'ils tiennent bien en place dans l'assiette. Farcir avec le mélange. Disposer 2 demi-œuf dans chacune des 6 assiettes.

Dans un grand bol, mélanger les tomates, les concombres, les poivrons, l'avocat et les pommes.

Mettre tous les ingrédients de la vinaigrette dans un petit bol ou une tasse, fouetter jusqu'à épaississement et verser sur les fruits et les légumes. Bien mélanger et, à l'aide d'une cuillère, mettre un peu salade autour des œufs farcis. Garnir de cerfeuil et servir.

6 portions

Salade de saumon et de concombres

Offrez ce plat délicieux comme mets principal pour un goûter léger ou un brunch.

Salade
5 concombres à mariner, en fines rondelles
1 poivron rouge, épépiné et coupé en bouchées
320 g (2 tasses) de saumon en conserve, sans la peau et les arêtes, en bouchées
1 branche de céleri, en fines tranches
50 g (1/2 tasse) de feta, émiettée
2 oignons verts, hachés finement
60 ml (1/4 tasse) de jus de citron frais pressé

Vinaigrette
250 g (1 tasse) de crème sure ou de crème fraîche légère
2 c. à café (2 c. à thé) d'huile d'olive extravierge
1 c. à café (1 c. à thé) de moutarde de Dijon
1 c. à café (1 c. à thé) de miel
Sel et poivre noir frais moulu

1 laitue Boston, en feuilles séparées
Quelques brins d'aneth frais, hachés finement

Dans un grand saladier, bien mélanger tous les ingrédients de la salade.

Dans un petit bol ou une tasse, fouetter ensemble tous les ingrédients de la vinaigrette. Verser sur la salade et mélanger pour bien enrober tous les légumes. Couvrir et réfrigérer jusqu'au moment de servir.

Avant de servir, tapisser 3 ou 4 feuilles de laitue dans chacune des 6 assiettes. Disposer au centre des portions équivalentes de salade. Garnir d'aneth et servir immédiatement.

6 portions

« Assez » est aussi bon qu'un festin.

JOHN HEYWOOD

Salade de pommes de terre à la toscane

Cette salade est parfaite pour agrémenter une petite fête. Elle sera meilleure si vous la servez à température ambiante.

480 g (1 lb) de pommes de terre, pelées
2 céleris-raves moyens ou 1 gros, pelés et coupés en julienne
2 grosses carottes, pelées et coupées en julienne
Le jus d'un citron
80 g (2/3 tasse) de noix, hachées
125 ml (1/2 tasse) d'huile d'olive extravierge

Quelques brins de persil plat frais, hachés finement

Dans une casserole remplie d'eau bouillante salée, cuire les pommes de terre environ 25 min, jusqu'à ce qu'elles soient tendres. Égoutter, rincer à l'eau froide et laisser refroidir. Les couper délicatement en tranches et les disposer sur un plat de service.

Mettre les céleris-raves et les carottes dans un grand bol et les asperger du jus de citron. Ajouter les noix et bien mélanger. Étendre le mélange de céleri-rave sur les pommes de terre en prenant soin de ne pas couvrir jusqu'au bord du plat pour laisser une rangée de pommes de terre sans mélange.

Arroser généreusement d'huile d'olive en s'assurant qu'elle s'infiltre partout dans les légumes. Saler, poivrer, garnir de persil et servir.

6 à 8 portions

Le premier des devoirs, sans doute, est d'être juste ;
Et le premier des biens est la paix de nos cœurs.

VOLTAIRE

Salade de haricots du nord de l'Italie

Même si cette recette traditionnelle doit être servie à température ambiante, il est possible de la réfrigérer et de la servir froide en ajoutant la vinaigrette à la toute dernière minute. Cette salade est idéale pour un pique-nique.

Salade

440 g (2 tasses) de haricots blancs (cannellinis) cuits ou en conserve, rincés et égouttés
370 g (2 tasses) de pois chiches fraîchement cuits ou en conserve, rincés et égouttés
3 branches de céleri, en fines tranches
2 grosses carottes, pelées et coupées en dés
4 oignons verts (parties blanche et vert pâle), hachés finement
Quelques brins de persil plat frais, hachés finement

Vinaigrette

80 ml (1/3 tasse) d'huile d'olive extravierge
5 c. à soupe de vinaigre de vin rouge
Sel et poivre noir frais moulu

Mettre les haricots et les pois chiches dans un grand bol. Cuire le céleri et les carottes dans de l'eau bouillante salée environ 5 min. Égoutter et rincer à l'eau froide jusqu'à ce qu'ils refroidissent. Mettre dans le grand bol avec les oignons verts et le persil. Bien mélanger.

Avant de servir, mettre tous les ingrédients de la vinaigrette dans un petit bol ou une tasse et fouetter jusqu'à épaississement. Verser sur la salade et mélanger doucement pour bien enrober tous les légumes. Servir à température ambiante.

6 à 8 portions

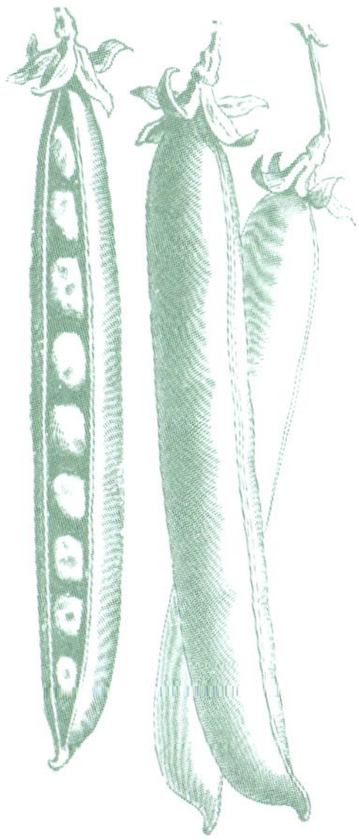

Salade croquante

Cette salade simple est servie en entrée ou après le repas.

Salade
240 g (8 oz) de mâche ou de mesclun
240 g (8 oz) de cresson, équeuté

Vinaigrette
6 c. à soupe d'huile de noisette fruitée
3 c. à soupe de vinaigre d'estragon
1 jaune d'œuf très frais
1 c. à soupe de moutarde de Dijon, de Meaux ou autre
Sel et poivre noir frais moulu

Mettre la mâche et le cresson dans un grand saladier.

Mettre tous les ingrédients qui composent la vinaigrette dans un mélangeur et mixer jusqu'à l'obtention d'une consistance épaisse et homogène. Rectifier l'assaisonnement au besoin.

Au moment de servir, verser la vinaigrette sur la salade et touiller légèrement. Servir immédiatement.

6 à 8 portions

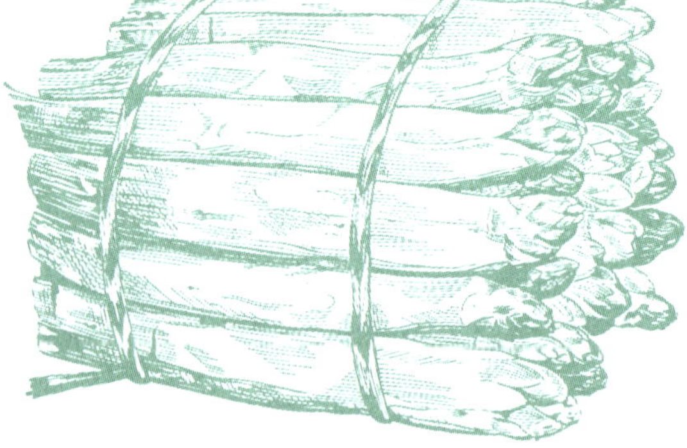

Salade au roquefort

Cette salade légère et délicate sera plus appréciée à la fin du repas. C'est une excellente transition avant le dessert.

Salade

1 petite Boston ou laitue pommée, en feuilles séparées
1 petite chicorée frisée, en feuilles séparées
240 g (8 oz) de roquefort, émietté
80 g (2/3 tasse) de noix, coupées en deux

Vinaigrette

80 ml (1/3 tasse) d'huile de noisette
2 c. à soupe de crème fraîche ou de crème épaisse (35 %)
3 c. à soupe de vinaigre de cidre
Sel et poivre noir frais moulu

1 botte de ciboulette fraîche, hachée finement

Dans un grand saladier, mélanger les légumes en feuilles. Ajouter le fromage, les noix et touiller délicatement.

Mettre tous les ingrédients qui composent la vinaigrette dans un mélangeur et mixer quelques secondes, jusqu'à l'obtention d'une consistance onctueuse.

Au moment de servir, verser la vinaigrette sur la salade et mélanger légèrement pour bien enrober tous les légumes. Garnir de ciboulette et servir.

4 à 6 portions

La vie est parfaite puisqu'elle nous ressert toujours le même plat jusqu'à ce que nous prenions conscience de ce que nous sommes en train de manger.

Guy Corneau

Salade d'avocat et de fromage de chèvre

Salade
1 laitue Boston, en feuilles séparées
1 gros morceau de fromage de chèvre d'environ 240 g (8 oz), coupé en 4 tranches égales
2 avocats mûrs mais fermes

Vinaigrette
6 c. à soupe d'huile d'olive extravierge
3 c. à soupe de jus de citron frais pressé
Sel et poivre noir frais moulu

Les feuilles d'une botte de coriandre fraîche, hachées finement

Préchauffer le four à 180 °C (350 °F) ou utiliser le gril pour éviter de préchauffer. Disposer des feuilles de laitue dans chacune des 4 assiettes. Mettre les tranches de fromage dans un plat allant au four et cuire jusqu'à ce qu'elles commencent à fondre.

Pendant ce temps, couper les avocats en deux sur la longueur, peler et dénoyauter. Disposer un demi-avocat, côté coupé vers le haut, dans chaque assiette.

Dans une tasse ou un petit bol, fouetter tous les ingrédients qui composent la vinaigrette jusqu'à épaississement.

Quand le fromage est prêt, mettre une tranche de fromage sur chaque demi-avocat. Verser un peu de vinaigrette sur chacun, garnir de coriandre. Servir immédiatement.

4 portions

Qui parle sème,
qui écoute récolte.

PROVERBE ANGLAIS

Mai

Salade de champignons et de roquette

Salade
240 g (8 oz) de champignons, en fines tranches
1 botte de roquette, équeutée
1 oignon rouge moyen, haché finement

Vinaigrette
6 c. à soupe d'huile d'olive extravierge
3 c. à soupe de jus de citron frais pressé
1 c. à café (1 c. à thé) de sauce soja
Sel et poivre noir frais moulu

Quelques brins de cerfeuil ou de persil plat frais, hachés finement (facultatif)

Mettre les champignons, la roquette et les oignons dans un grand saladier et mélanger légèrement.

Avant de servir, mettre tous les ingrédients de la vinaigrette dans un petit bol ou une tasse et fouetter jusqu'à épaississement. Verser sur la salade et mélanger pour bien enrober tous les légumes. Partager la salade dans 4 assiettes, garnir de cerfeuil et servir immédiatement.

4 portions

Salade de pommes de terre épicées

Cette salade est excellente pour un pique-nique en famille ou une fête extérieure entre amis.

480 g (1 lb) de pommes de terre nouvelles, pelées et coupées en deux
150 g (1 tasse) de petits pois frais écossés ou congelés
1 cœur de céleri, en fines tranches
250 ml (1 tasse) de sauce à salade Mille-Îles (p. 245), préparée à l'avance

Dans une grande casserole remplie d'eau bouillante salée, cuire les pommes de terre de 15 à 20 min, jusqu'à ce qu'elles soient tendres mais encore fermes. Égoutter, rincer à l'eau froide, égoutter de nouveau et mettre dans un grand saladier.

Pendant ce temps, dans une casserole moyenne, cuire les petits pois dans l'eau bouillante salée 3 min. Égoutter, rincer à l'eau froide, égoutter de nouveau et mettre dans le saladier. Ajouter le céleri.

Verser la vinaigrette sur la salade et mélanger pour bien enrober tous les légumes. Couvrir et réfrigérer de 2 à 3 h avant de servir.

6 à 8 portions

Si tu remerciais Dieu pour toutes les joies qu'il te donne, il ne te resterait plus de temps pour te plaindre.

MAÎTRE ECKHART

Salade de carottes

Cette salade est excellente en entrée pour le repas du midi ou du soir. Pour une jolie présentation, disposer des feuilles de laitue dans chaque assiette et créer au centre de chacune un petit monticule de salade.

7 grosses carottes, pelées et coupées en julienne
60 ml (1/4 tasse) de jus de citron frais pressé
8 feuilles de menthe fraîche, émincées
1 petit oignon, en dés ou 2 échalotes, hachées grossièrement
90 g (1/2 tasse) de raisins dorés
80 g (1/3 tasse) de Mayonnaise maison (p. 243) ou du commerce
1 c. à café (1 c. à thé) de moutarde de Dijon
Sel et poivre noir frais moulu

Mettre les carottes dans un bol profond. Ajouter le jus de citron et bien mélanger. Réfrigérer quelques heures jusqu'au moment de servir.

Avant de servir, retirer le bol du réfrigérateur, ajouter la menthe, les oignons, les raisins, la mayonnaise et la moutarde. Assaisonner de sel et de poivre et bien mélanger pour enrober tous les ingrédients avec la mayonnaise. Servir immédiatement, car cette salade doit se manger froide.

4 à 6 portions

Salade de poivrons grillés, de chicorée et de mozzarella

Cette salade se sert en tout temps pendant l'année mais, si vous préférez, servez-la en repas principal pour un goûter léger ou un brunch.

Salade

4 gros poivrons rouges
1 oignon Vidalia moyen, en fines tranches
240 g (8 oz) de jeune chicorée frisée, équeutée
1 petite chicorée de Trévise (radicchio), en feuilles séparées et coupées en lanières sur la longueur

Vinaigrette

60 ml (1/4 tasse) d'huile d'olive extravierge
3 c. à soupe de vinaigre de vin
1 c. à café (1 c. à thé) de moutarde de Dijon
Sel et poivre noir frais moulu

240 g (8 oz) de mozzarella, en fines tranches

De tous les arts, l'art culinaire est celui qui nourrit le mieux son homme.

PIERRE DAC

Préchauffer le four à 200 °C (400 °F) ou préchauffer le gril. Mettre les poivrons sur une plaque à pâtisserie et les faire rôtir ou griller pendant 20 min en les retournant de temps en temps pour qu'ils noircissent sur toutes les faces. Au terme de la cuisson, les mettre dans un sac de papier brun fermé et les laisser refroidir. Sortir délicatement les poivrons refroidis du sac, retirer la peau et les laver sous l'eau froide pour éliminer toutes les impuretés. Bien éponger avec du papier absorbant. Si ce n'est pas déjà fait, retirer la tige et les épépiner. Couper en fines lanières sur la longueur et les mettre dans un saladier profond. Ajouter les oignons, les deux chicorées et mélanger légèrement.

Avant de servir, mettre tous les ingrédients de la vinaigrette dans un petit bol ou une tasse et fouetter jusqu'à épaississement. Verser sur la salade et mélanger pour bien enrober tous les légumes. Servir la salade dans des assiettes individuelles et garnir de mozzarella.

6 à 8 portions

Salade d'asperges et de betteraves aux œufs

Une pincée de sel
20 tiges d'asperges (couper à la base la partie la plus coriace)
400 g (2 tasses) de betteraves, pelées et coupées en dés
125 ml (1/2 tasse) d'huile d'olive extravierge
60 ml (1/4 tasse) de vinaigre de cidre
1 c. à café (1 c. à thé) de moutarde de Dijon, de Meaux ou autre
1 petit oignon vert, émincé
Sel et poivre noir frais moulu
1 petite scarole tendre, en feuilles séparées
4 œufs, cuits durs, écalés et hachés

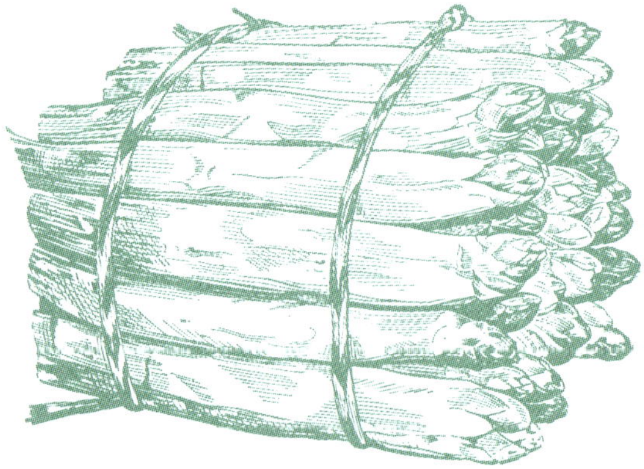

Dans une casserole remplie d'eau bouillante, ajouter le sel, les asperges et cuire environ 3 min. Égoutter et rincer à l'eau froide, égoutter de nouveau et réserver.

Dans une casserole moyenne remplie d'eau bouillante salée, cuire les betteraves environ 6 min, jusqu'à ce qu'elles soient tendres. Égoutter et rincer à l'eau froide, égoutter de nouveau et réserver.

Dans une tasse ou un petit bol, fouetter ensemble l'huile, le vinaigre, la moutarde, les oignons verts, le sel et le poivre jusqu'à ce que le mélange épaississe.

Mettre 3 feuilles de scarole dans chacune des 4 assiettes. Disposer 5 asperges sur le dessus et les betteraves de chaque côté. Garnir avec les œufs. Avant de servir, fouetter la vinaigrette de nouveau, en verser sur chaque portion et servir immédiatement.

4 portions

Salade de riz aux œufs et au cheddar

4 œufs, cuits durs, écalés et hachés grossièrement
260 g (2 tasses) de riz à grains longs, cuit
1 petit cœur de céleri, en fines tranches
1 petit oignon Vidalia, haché finement
60 g (1/2 tasse) d'olives noires, dénoyautées, égouttées et hachées grossièrement
150 g (1 tasse) de petits pois frais écossés ou congelés, cuits dans l'eau bouillante salée jusqu'à ce qu'ils soient tendres et égouttés
180 g (6 oz) de lanières de piments en conserve, égouttées et hachées grossièrement
140 g (1 tasse) de cheddar, en dés
175 g (3/4 tasse) de Mayonnaise maison (p. 243) ou du commerce
Sel et poivre noir frais moulu
1 laitue au choix, en feuilles séparées
Quelques brins de persil, hachés finement

Dans un grand saladier, mélanger délicatement les œufs, le riz, le céleri, les oignons, les olives, les petits pois, les piments et le fromage. Ajouter la mayonnaise, le sel, le poivre et mélanger pour bien enrober tous les légumes. Couvrir et réfrigérer environ 2 h.

Au moment de servir, tapisser de feuilles de laitue une grande assiette de service. À l'aide d'une cuillère, mettre le mélange aux œufs sur la laitue et l'étendre uniformément. Garnir de persil et servir immédiatement.

4 portions

Salade d'épinards aux œufs

Servir cette salade en entrée ou après le repas principal, mais toujours à température ambiante.

Salade
480 g (1 lb) d'épinards, sans les tiges
3 œufs, cuits durs, écalés et hachés grossièrement
12 tomates cerises, coupées en deux
1 oignon rouge moyen, haché finement

Vinaigrette
60 ml (1/4 tasse) d'huile d'olive extravierge
5 c. à soupe de vinaigre balsamique
1 c. à café (1 c. à thé) de moutarde de Dijon, de Meaux ou autre
Sel et poivre noir frais moulu

Dans un grand saladier, mélanger délicatement tous les ingrédients qui composent la salade.

Mettre tous les ingrédients de la vinaigrette dans un petit bol ou une tasse et fouetter jusqu'à épaississement. Verser sur la salade et mélanger pour bien enrober tous les légumes. Servir immédiatement.

6 portions

Salade mixte italienne
(Insalata Mista)

Cette salade est généralement servie après le repas principal. Elle est particulièrement appétissante quand les légumes sont de saison et fraîchement cueillis du jardin.

Salade

1 petite Boston ou autre laitue pommée, en bouchées
4 tomates prunes, coupées en tranches de biais
1 petit concombre, pelé et coupé en rondelles
1 carotte moyenne, pelée et râpée ou coupée et émincée
6 radis, sans les tiges et coupés en fines tranches
1 petit oignon rouge, en fines tranches

Vinaigrette

80 ml (1/3 tasse) d'huile d'olive extravierge
5 c. à soupe de vinaigre de vin rouge
Sel et poivre noir frais moulu

Dans un grand saladier, mélanger tous les ingrédients qui composent la salade.

Mettre tous les ingrédients de la vinaigrette dans un petit bol ou une tasse et fouetter jusqu'à épaississement. Rectifier l'assaisonnement au besoin. Verser sur la salade et mélanger doucement pour bien enrober tous les légumes. Servir immédiatement.

6 portions

Salade de trévise et de tomates à la vénitienne

(Insalata di Radicchio Rosso)

Cette salade irrésistible nous plonge dans l'esprit et le charme de la cuisine vénitienne. Elle se sert en entrée ou après le repas principal.

Salade
2 petites chicorées de Trévise (radicchio), en bouchées
4 tomates mûres, en tranches
1 oignon rouge moyen, en fines tranches
1 poivron rouge moyen, épépiné et coupé en fines lanières sur la longueur
Quelques brins de persil plat frais, hachés finement

Vinaigrette
80 ml (1/3 tasse) d'huile d'olive extravierge
5 c. à soupe de vinaigre balsamique
Sel et poivre noir frais moulu

Dans un grand saladier, mélanger tous les ingrédients qui composent la salade avec les mains.

Mettre tous les ingrédients de la vinaigrette dans un petit bol ou une tasse et fouetter jusqu'à épaississement. Verser sur la salade et mélanger pour bien enrober tous les légumes. Servir immédiatement.

6 portions

Méfie-toi du démon, il peut se cacher dans un brin de persil!

DICTON FRANÇAIS

Salade de roquette, de pissenlits et de poires rôties

Salade
3 poires, pelées, coupées en deux et évidées
240 g (8 oz) de feuilles de pissenlits, équeutées
7 c. à soupe d'huile d'olive extravierge
3 gousses d'ail, émincées
1 grosse botte de roquette, sans les tiges
1 endive, en feuilles séparées et coupées en lanières de 5 cm (2 po) sur la longueur

Vinaigrette
80 ml (1/3 tasse) d'huile d'olive extravierge
5 c. à soupe de vinaigre balsamique
2 c. à soupe de miel
Sel et poivre noir frais moulu

Préchauffer le four à 200 °C (400 °F). Mettre les poires sur une plaque à pâtisserie et les faire rôtir de 8 à 10 min. Retirer du four et laisser refroidir.

Pendant ce temps, chauffer l'huile dans une grande poêle à feu moyen-doux, ajouter l'ail et cuire en remuant environ 30 sec. Ajouter les feuilles de pissenlits et cuire de 4 à 5 min en remuant, jusqu'à ce qu'elles ramollissent. Réserver.

Mettre la roquette et les endives dans un grand saladier. Ajouter les feuilles de pissenlits, les poires et remuer légèrement.

Mettre tous les ingrédients qui composent la vinaigrette dans un petit bol ou une tasse et fouetter jusqu'à épaississement. Au moment de servir, verser sur la salade et mélanger pour bien enrober tous les ingrédients.

6 portions

Salade de lentilles du Cantal

Dans la région du Cantal, en Auvergne, particulièrement autour de la ville de Puy-de-Dôme, on cultive des lentilles vertes réputées dans le monde entier. Cette salade est idéale pour un pique-nique, froide ou à température ambiante.

Salade

240 g (8 oz) de petites lentilles sèches (les lentilles du Puy sont parfaites pour cette recette)
1 cœur de céleri, en fines tranches
1 oignon blanc doux moyen, émincé
1 concombre long et mince, pelé, épépiné et coupé en dés
Les feuilles d'une petite botte de persil plat frais, émincées finement

Vinaigrette

125 ml (1/2 tasse) d'huile d'olive extravierge
2 c. à soupe de jus de citron frais pressé
2 c. à soupe de vinaigre de vin rouge
Sel et poivre noir frais moulu

1 laitue en feuilles au goût (séparer les feuilles)

Cuire les lentilles dans l'eau bouillante salée environ 30 min, jusqu'à ce qu'elles soient tendres. Égoutter, rincer à l'eau froide et laisser refroidir. Mettre les lentilles dans un grand saladier. Ajouter le céleri, les oignons, les concombres et le persil. Mélanger légèrement et mettre le bol au réfrigérateur jusqu'au moment de servir.

Avant de servir, mettre tous les ingrédients qui composent la vinaigrette dans un petit bol ou une tasse et fouetter jusqu'à épaississement. Verser sur la salade et mélanger pour bien enrober tous les légumes. Tapisser quelques feuilles de laitue sur chaque assiette, mettre un petit monticule de salade de lentilles au centre de chacune et servir immédiatement.

4 à 6 portions

Salade aux pois chiches et aux farfalles

240 g (8 oz) de farfalles (pâtes en forme de boucle)
450 g (15 1/2 oz) de pois chiches en conserve, rincés et égouttés
12 tomates cerises mûres, coupées en deux
1 poivron vert, épépiné et haché finement
1 oignon Vidalia moyen, haché finement
15 g (1/2 tasse) de feuilles de basilic frais, hachées grossièrement
10 g (1/3 tasse) de persil plat frais, haché grossièrement
1 laitue Boston ou autre, en feuilles séparées

Vinaigrette
3 c. à soupe + 1 c. à café (1 c. à thé) d'huile d'olive extravierge
5 c. à café (5 c. à thé) de vinaigre de xérès ou de vinaigre de vin rouge
1 gousse d'ail, émincée
Sel et poivre noir frais moulu

Cuire les pâtes dans l'eau bouillante salée jusqu'à cuisson *al dente*.

Égoutter et rincer à l'eau froide, égoutter de nouveau et secouer énergiquement la passoire pour retirer le maximum d'eau. Mettre les pâtes dans un grand saladier et ajouter les pois chiches, les tomates, les poivrons, les oignons et les fines herbes. Bien mélanger.

Disposer 3 feuilles de laitue dans chaque assiette pour former un trèfle.

Mettre tous les ingrédients qui composent la vinaigrette dans un petit bol ou une tasse et fouetter jusqu'à épaississement. Laisser reposer 15 min avant de servir. (On peut la préparer à l'avance.) Au moment de servir, verser la vinaigrette dans le saladier et bien remuer.

Partager la salade en portions égales et servir immédiatement.

4 à 6 portions

Aime et fais ce que tu veux.

AUGUSTIN D'HIPPONE

Mesclun à la provençale

480 g (1 lb) de mesclun
1 oignon rouge moyen, en fines tranches
125 ml (1/2 tasse) d'huile d'olive extravierge ou plus au besoin
60 ml (1/4 tasse) de Vinaigre aromatisé aux framboises (p. 241)
Sel et poivre noir frais moulu
6 tranches ou un petit rouleau de fromage de chèvre
6 tranches de pain baguette
2 c. à soupe de romarin séché
2 c. à soupe de thym séché

Mettre la laitue et les oignons dans un grand saladier. Dans une tasse ou un petit bol, fouetter ensemble l'huile, le vinaigre, le sel, le poivre, jusqu'à ce que la vinaigrette épaississe. Verser sur la salade et mélanger légèrement.

Préchauffer le four à 180 °C (350 °F) ou utiliser le gril pour éviter de préchauffer le four. Mettre une tranche de fromage sur chaque morceau de pain. Arroser d'un trait d'huile d'olive et garnir de romarin et de thym. Presser sur les herbes pour qu'elles adhèrent au fromage. Mettre les tranches de pain garnies dans un plat allant au four et faire griller jusqu'à l'apparition de bulles sur le fromage et qu'il commence à fondre.

Partager la salade dans 6 assiettes et décorer avec la tranche de pain au fromage de chèvre.

6 portions

Salade du Barry

Cette salade est délicieuse pendant toute l'année, particulièrement avec des radis de printemps.

Salade

1 petit chou-fleur
24 petits radis, équeutés
1 botte de cresson, équeuté
8 olives noires, dénoyautées et hachées grossièrement

Vinaigrette

80 ml (1/3 tasse) d'huile d'olive extravierge
60 ml (1/4 tasse) de jus de citron frais pressé
Sel et poivre noir frais moulu

Séparer soigneusement le chou-fleur en bouquets et couper les tiges. Cuire à la vapeur environ 15 min, jusqu'à ce qu'ils soient tendres ou dans l'eau bouillante salée environ 5 min. Retirer de la chaleur et rincer à l'eau froide. Égoutter et mettre dans un grand saladier ou un plat de service. Ajouter les radis, le cresson, les olives et mélanger légèrement.

Mettre tous les ingrédients qui composent la vinaigrette dans un petit bol ou une tasse et fouetter jusqu'à épaississement. Verser sur la salade et mélanger pour bien enrober tous les légumes. Servir à température ambiante.

6 portions

Salade Rachel

Traditionnellement, cette salade est servie froide. Elle est très appropriée au printemps, à la sortie des asperges, ou tôt en été.

6 pommes de terre, pelées et coupées en cubes
12 tiges d'asperges (enlever la partie la plus coriace et couper les tiges en morceaux de 5 cm (2 po) de long)
2 échalotes, émincées
1 cœur de céleri, en fines tranches
180 g (6 oz) de cœurs d'artichauts en conserve, bien égouttés et hachés grossièrement
125 g ($^1/_2$ tasse) de Mayonnaise maison (p. 243)
Sel et poivre noir frais moulu
1 œuf, cuit dur, écalé et haché finement

Dans une grande casserole remplie d'eau bouillante salée, cuire les pommes de terre environ 5 min, jusqu'à ce qu'elles soient tendres. Retirer les pommes de terre à l'aide d'une écumoire, égoutter et conserver l'eau de cuisson. Porter l'eau à ébullition de nouveau et cuire les asperges de 3 à 4 min tout au plus, jusqu'à ce qu'elles soient tendres. Égoutter et laisser refroidir, tout comme les pommes de terre.

Dans un grand saladier, mélanger délicatement les pommes de terre, les asperges, les échalotes, le céleri et les artichauts. Ajouter la mayonnaise, saler et poivrer. Bien mélanger et réfrigérer jusqu'au moment de servir.

Avant de servir, garnir avec les œufs.

6 portions

Salade d'oranges et de tangerines

Cette salade de fruits n'a aucun besoin de sel, de sucre ou de poivre. Le mélange naturel des saveurs suffit.

Salade

4 oranges navels, pelées, sans les filaments blancs et séparées en quartiers
4 tangerines, pelées, sans les filaments blancs et séparées en quartiers
1 petit oignon rouge, haché finement
30 à 60 g (1 à 2 oz) de raisins secs dorés
8 olives noires, dénoyautées et hachées grossièrement
8 feuilles de menthe fraîche, hachées

Vinaigrette

60 ml (1/4 tasse) d'huile d'olive extravierge
2 c. à soupe de jus de citron frais pressé

Mettre les oranges et les tangerines dans un grand saladier. Ajouter les oignons, les raisins, les olives, la menthe et mélanger légèrement. Réfrigérer.

Au moment de servir, verser l'huile et le jus de citron sur la salade et mélanger pour enrober tous les ingrédients. Servir immédiatement.

6 à 8 portions

Avec l'Esprit Saint, qui rend spirituel, c'est la réadmission au Paradis, le retour à la condition de fils, l'audace d'appeler Dieu Père ; on devient participant de la grâce du Christ, on est appelé fils de la lumière, on partage la gloire éternelle

De Spiritu sancto, XV, 36
Saint Basile le Grand

Juin

Salade de champignons et d'avocat

Cette salade fait une excellente entrée avant le repas principal. Elle peut également être servie comme goûter léger.

Salade

2 avocats mûrs mais fermes, pelés, dénoyautés et coupés en cubes
1 c. à café (1 c. à thé) de jus de citron frais pressé
240 g (8 oz) de champignons blancs, en fines tranches
1 botte de cresson, équeutée et coupée en morceaux de 5 cm (2 po)
1 petite botte de ciboulette ou d'oignons verts, hachée finement
3 c. à soupe de câpres, égouttées

Vinaigrette

80 ml (1/3 tasse) d'huile d'olive extravierge
3 c. à soupe de jus de citron frais pressé
Sel et poivre noir frais moulu

1 laitue Boston, en feuilles séparées

Arroser les avocats de jus de citron et les mettre dans un grand saladier. Ajouter les champignons, le cresson, la ciboulette, les câpres et bien mélanger.

Mettre tous les ingrédients qui composent la vinaigrette dans un petit bol ou une tasse et fouetter jusqu'à épaississement. Mélanger pour bien enrober tous les légumes. Tapisser chaque assiette de 2 ou 3 feuilles de laitue et disposer un peu de salade au centre. Servir immédiatement.

4 à 6 portions

Salade émeraude à l'indonésienne

Vinaigrette
80 ml (1/3 tasse) d'huile de noisette
60 ml (1/4 tasse) de jus de citron jaune ou vert frais pressé
2 c. à café (2 c. à thé) de sucre
1 gousse d'ail, émincée
Une pincée de Cayenne
Sel, au goût

Salade
1 botte de cresson, équeutée
1 petit chou chinois, en feuilles séparées et coupées en fines lanières
3 carottes moyennes, pelées et râpées ou coupées en filaments
1 oignon moyen, en fines tranches
12 feuilles de menthe fraîche, en très fines lanières
40 g (1/3 tasse) de noix de coco sucrée en filaments

Mettre tous les ingrédients qui composent la vinaigrette dans un mélangeur et mixer à vitesse moyenne. Laisser reposer ensuite 1 à 2 h pour permettre à la vinaigrette de s'imprégner de la saveur de l'ail.

Mettre tous les éléments de la salade dans un grand bol, ajouter la noix de coco juste avant de servir et bien mélanger.

Au moment de servir, verser la vinaigrette sur la salade et remuer légèrement pour s'assurer que la noix de coco est bien mélangée aux autres ingrédients. Servir à température ambiante.

6 portions

Salade verte aux fines herbes

Cette salade légère est excellente après le repas principal.

Salade

1 petite chicorée frisée, équeutée
1 petite laitue Boston
1 petite quantité de roquette, équeutée

Vinaigrette

125 ml (1/2 tasse) d'huile d'olive extravierge
3 c. à soupe de vinaigre de xérès
1 c. à café (1 c. à thé) de jus de citron frais pressé
1 c. à café (1 c. à thé) de moutarde de Dijon, de Meaux ou autre
Sel et poivre noir frais moulu

7 g (1/4 tasse) de coriandre fraîche, hachée finement
7 g (1/4 tasse) de cerfeuil frais, haché finement
7 g (1/4 tasse) de ciboulette fraîche, hachée finement
7 g (1/4 tasse) de persil plat frais, haché finement

Couper la chicorée, la Boston et la roquette en petites bouchées et les mettre dans un grand saladier. Réfrigérer jusqu'au moment de servir.

Mettre tous les ingrédients qui composent la vinaigrette dans un petit bol ou une tasse et fouetter jusqu'à épaississement. Avant de servir, garnir la salade de fines herbes fraîches et verser la vinaigrette. Mélanger légèrement pour bien enrober tous les légumes et servir immédiatement.

8 portions

Loué sois-tu mon Seigneur pour sœur Eau
Qui est très utile et très sage
Précieuse et chaste

FRANÇOIS D'ASSISE

Salade à l'américaine

Salade

1 laitue romaine, en bouchées

1 concombre long et mince, pelé et coupé en rondelles

4 tomates moyennes mûres, en quartiers

1 oignon espagnol ou Vidalia moyen, en fines tranches

8 radis, équeutés et coupés en fines tranches

1 poivron vert, épépiné et coupé en fines lanières sur la longueur

Vinaigrette

125 ml (1/2 tasse) d'huile d'olive extravierge

60 ml (1/4 tasse) de vinaigre de cidre

1 c. à café (1 c. à thé) de sauce Worcestershire

1/2 c. à café (1/2 c. à thé) de moutarde sèche

Sel et poivre noir frais moulu

Mettre tous les ingrédients de la salade dans un grand bol. Si cette salade est préparée quelques heures à l'avance, la couvrir d'un papier absorbant humide et la réfrigérer jusqu'au moment de servir. Les légumes resteront ainsi frais et croustillants.

Avant de servir, mettre tous les ingrédients qui composent la vinaigrette dans un petit bol ou une tasse et fouetter jusqu'à épaississement. Verser sur la salade et mélanger avec une grande fourchette et une cuillère ou avec les mains propres. S'assurer que la vinaigrette enrobe bien tous les légumes. Servir immédiatement.

6 à 8 portions

Salade d'orzo aux petits pois verts

Salade
380 g (2 tasses) d'orzo
480 g (1 lb) de petits pois congelés
1 poivron rouge, épépiné et coupé en dés
1 oignon rouge, coupé en petits morceaux
1 branche de céleri, en fines tranches
1 gousse d'ail, émincée
60 g (1/2 tasse) d'olives noires, dénoyautées, égouttées et hachées

Vinaigrette
80 g (1/3 tasse) de Mayonnaise maison (p. 243) ou du commerce
1 c. à café (1 c. à thé) de moutarde de Dijon, de Meaux ou autre
1 c. à café (1 c. à thé) de jus de citron frais pressé
Sel et poivre noir frais moulu

Dans une grande casserole remplie d'eau bouillante salée, cuire l'orzo de 13 à 14 min tout au plus. Égoutter, rincer à l'eau froide, égoutter de nouveau en secouant la passoire énergiquement. Transvaser dans un grand saladier.

Pendant la cuisson des pâtes, dans une autre casserole, cuire les petits pois dans l'eau bouillante salée jusqu'à ce qu'ils soient tendres. Ne pas trop les faire cuire. Égoutter et ajouter à l'orzo. Ajouter les autres ingrédients de la salade.

Mettre tous les ingrédients qui composent la vinaigrette dans une tasse ou un petit bol et fouetter jusqu'à consistance onctueuse. Verser sur la salade et mélanger pour bien enrober. Réfrigérer au moins 3 h. Servir froid.

6 à 8 portions

Salade de la vallée d'Aoste
(Insalata Valle d'Aosta)

Cette salade est excellente pour un pique-nique ou pour un repas servi à l'extérieur. Si vous partez en pique-nique, conservez la vinaigrette dans un pot de plastique hermétique et versez-la sur la salade au moment de servir.

Vinaigrette

80 ml (1/3 tasse) d'huile d'olive extravierge
6 c. à soupe de vinaigre balsamique ou de vinaigre de vin rouge
1 gousse d'ail, émincée
Sel et poivre noir frais moulu

Salade

2 bulbes de fenouil, sans les tiges et coupés en fines tranches
1 botte de radis, équeutée et coupée en fines tranches
280 g (2 tasses) de gruyère ou autre fromage à pâte dure, en dés
60 g (1/2 tasse) d'olives noires, dénoyautées, égouttées et coupées en tranches
2 oignons verts (parties blanche et vert pâle), en fines tranches

Préparer la vinaigrette 1 h à l'avance pour libérer l'arôme de l'ail. Mettre tous les ingrédients qui composent la vinaigrette dans une tasse ou un petit bol et fouetter jusqu'à épaississement.

Mettre tous les ingrédients de la salade dans un bol profond et mélanger légèrement.

Avant de servir, verser la vinaigrette sur la salade et mélanger pour enrober tous les légumes. Servir immédiatement.

4 à 6 portions

Dieu ouvre toujours sa main pour donner.

PROVERBE ESPAGNOL

Salade du Mont-Saint-Michel

Servez cette salade dans des assiettes individuelles ou, si vous préférez, mettez la salade dans un grand plat de service et vos convives se serviront eux-mêmes.

Salade

4 tomates moyennes mûres, en tranches
4 œufs, cuits durs, écalés et coupés en tranches
2 petits concombres, pelés et coupés en rondelles
16 olives Kalamata, dénoyautées
Les feuilles d'une petite botte de basilic frais, hachées finement

Vinaigrette

125 ml (1/2 tasse) + 2 c. à soupe d'huile d'olive extravierge
3 c. à soupe de jus de citron frais pressé
Sel et poivre noir frais moulu

Dans chacune des 4 assiettes, disposer les tranches d'une tomate, d'un œuf et d'un demi-concombre. Ajouter 4 olives et garnir de basilic.

Mettre tous les ingrédients qui composent la vinaigrette dans une tasse ou un petit bol et fouetter jusqu'à épaississement. Verser sur chaque portion et servir immédiatement.

4 portions

Œufs à la diable farcis au pesto

6 œufs, cuits durs et écalés
60 ml (1/4 tasse) d'huile d'olive extravierge et un peu plus pour garnir
2 gousses d'ail, pelées
8 feuilles de basilic frais
Sel et poivre noir frais moulu
6 tomates moyennes mûres, en tranches
1 petit oignon rouge, haché finement
Les feuilles d'une botte de basilic frais, hachées finement
24 olives Kalamata, dénoyautées

Couper les œufs en deux sur la longueur. Retirer délicatement les jaunes d'œufs et les mettre dans un bol. À l'aide d'une fourchette, piler les jaunes.

Mettre l'huile, l'ail et le basilic dans un mélangeur et mixer jusqu'à consistance onctueuse. Saler, poivrer et mixer de nouveau. Ajouter ce pesto aux jaunes d'œufs et bien mélanger. Farcir les œufs avec le mélange au pesto.

Disposer 2 demi-œuf dans chacune des 6 assiettes. À côté des œufs, mettre les tranches d'une tomate et garnir avec les oignons et le basilic. Mettre 4 olives dans chaque assiette. Arroser les tomates d'un filet d'huile. Saler et poivrer au goût. Servir immédiatement.

6 portions

Salade de barbue à la grecque

Cette salade est excellente par temps très chaud. À l'heure du midi, elle devient un repas complet.

Salade
500 ml (2 tasses) d'eau
240 g (8 oz) de filets de barbue
1 c. à soupe de jus de citron frais pressé
480 g (1 lb) d'épinards, équeutés et déchirés en bouchées
1 oignon rouge moyen, haché finement
120 g (1 tasse) d'olives Kalamata, égouttées, dénoyautées et coupées en deux
18 tomates cerises, coupées en deux
240 g (8 oz) de feta, émiettée

Vinaigrette grecque
125 ml (1/2 tasse) d'huile d'olive extravierge (grecque de préférence)
60 ml (1/4 tasse) de jus de citron frais pressé
2 c. à soupe de vinaigre de vin blanc
1 gousse d'ail, émincée
1 c. à soupe d'origan frais, haché
1 c. à soupe de basilic frais, haché
1 c. à soupe de thym frais, haché
Sel et poivre noir frais moulu

Dans une grande poêle, porter l'eau à ébullition. Ajouter le poisson, le jus de citron, couvrir, réduire la chaleur à feu moyen et laisser cuire environ 10 min. Quand le poisson s'effeuille facilement, c'est qu'il est cuit. Retirer le poisson du liquide et le laisser refroidir. Couper le poisson en petits morceaux, le mettre dans un bol et réfrigérer au moins 1 h.

Mettre les épinards dans un grand saladier, ajouter les oignons, les olives, les tomates, la feta et le poisson. Mélanger légèrement.

Fouetter ensemble tous les ingrédients qui composent la vinaigrette dans un petit bol ou une tasse, jusqu'à épaississement. Verser sur la salade et mélanger doucement pour bien enrober tous les légumes. Servir immédiatement.

6 à 8 portions

Il n'y a pas d'amour plus sincère que celui de la bonne chère.

George Bernard Shaw

Salade de pissenlits cuits à l'italienne

Servir cette délicieuse salade en entrée lors d'un repas très spécial. Puisque l'on fait cuire les pissenlits, on peut utiliser des feuilles les plus coriaces pour cette recette.

Salade

60 ml (1/4 tasse) d'huile d'olive extravierge
3 gousses d'ail, émincées
240 g (8 oz) de feuilles de pissenlits, équeutées
1 petite trévise (radicchio), en filaments
1 petite chicorée frisée, en feuilles séparées et coupées en deux
1 oignon rouge moyen, en fines tranches
3 tranches de bacon (facultatif), grillées, croustillantes, égouttées et coupées en morceaux de 1,25 cm (1/2 po)

Vinaigrette

6 c. à soupe d'huile d'olive extravierge
3 c. à soupe de vinaigre balsamique
1 c. à soupe de jus d'orange
Sel et poivre noir frais moulu

Dans une grande poêle, chauffer l'huile à feu moyen-doux, ajouter l'ail et cuire en remuant environ 30 sec. Ajouter les feuilles de pissenlits et cuire en remuant de 3 à 4 min jusqu'à ce qu'elles ramollissent. Retirer du feu.

Mettre la trévise, la chicorée frisée et les oignons dans un grand saladier. Ajouter les feuilles de pissenlits et le bacon. Bien mélanger la salade.

Mettre tous les ingrédients qui composent la vinaigrette dans un petit bol ou une tasse et fouetter jusqu'à épaississement. Verser sur la salade à la dernière minute et mélanger pour bien enrober tous les légumes. Servir immédiatement.

6 portions

Salade verte au thon

(Insalata con Tonno)

Cette salade facile à préparer est la combinaison parfaite entre la douce saveur des légumes en feuilles et le goût rafraîchissant de la mer. On peut la manger tout au long de l'année, mais on l'appréciera davantage en été et tôt en automne.

Salade

240 g (8 oz) de jeunes pousses d'épinards
1 petite botte de roquette ou de cresson, équeutée
1 petite chicorée frisée, en feuilles séparées
1 oignon rouge moyen, en fines tranches
180 g (6 oz) de thon en conserve, égoutté et haché grossièrement

Vinaigrette

80 ml (1/3 tasse) d'huile d'olive extravierge
5 c. à soupe de vinaigre de vin rouge
Sel et poivre noir frais moulu

Mettre tous les légumes en feuilles dans un grand saladier, ajouter les oignons, le thon et bien mélanger.

Mettre tous les ingrédients qui composent la vinaigrette dans un petit bol ou une tasse et fouetter jusqu'à épaississement. Verser sur la salade et bien mélanger pour enrober tous les légumes. Servir immédiatement.

6 portions

Salade bonne femme

Cette salade est aussi bonne en hiver qu'en été, à l'arrivée des haricots verts.

Salade
240 g (8 oz) de champignons blancs
2 c. à soupe de jus de citron frais pressé
240 g (8 oz) de haricots verts très fins, équeutés
3 oignons verts, émincés

Vinaigrette
6 c. à soupe d'huile d'olive extravierge
3 c. à soupe de vinaigre d'estragon
Sel et poivre noir frais moulu

1 œuf, cuit dur, écalé et haché finement

Couper les champignons en fines tranches, les mettre dans un grand saladier et les arroser de jus de citron. Mélanger légèrement et réserver.

Cuire les haricots verts dans l'eau bouillante salée, environ 5 min, jusqu'à ce qu'ils soient tendres. Ne pas couvrir. Égoutter, rincer à l'eau froide, égoutter de nouveau en remuant énergiquement la passoire pour retirer le maximum d'eau. Mettre les haricots dans le saladier, ajouter les oignons verts et mélanger légèrement.

Mettre tous les ingrédients qui composent la vinaigrette dans un petit bol ou une tasse et fouetter jusqu'à épaississement. Avant de servir, verser sur la salade, bien mélanger pour enrober tous les légumes et garnir avec les œufs.

6 à 8 portions

Salade de pommes de terre saint Jean-Baptiste

Saint Jean le Baptiste est aussi appelé « le précurseur » parce qu'il a préparé la voie du Christ comme prédicateur. Puisqu'il est un saint du désert, il est un modèle particulièrement inspirant pour les moines. On célèbre sa fête le 24 juin. Cette salade est servie comme mets d'accompagnement avec la viande ou le poisson.

Salade

480 g (1 lb) de pommes de terre nouvelles, pelées

440 g (15 1/2 oz) de pois chiches en conserve, rincés et égouttés

3 échalotes, hachées finement

12 olives vertes dénoyautées, hachées grossièrement

Vinaigrette

80 ml (1/3 tasse) d'huile d'olive extravierge

3 c. à soupe de vinaigre de xérès

1 c. à café (1 c. à thé) de jus de citron frais pressé

1 gousse d'ail, émincée

Sel et poivre noir frais moulu

10 g (1/3 tasse) de persil plat frais, haché

Cuire les pommes de terre dans l'eau bouillante salée environ 15 min, jusqu'à ce qu'elles soient tendres. Vérifier la cuisson à l'aide d'une fourchette. Égoutter, laisser refroidir et couper en dés. Mettre les pommes de terre dans un grand saladier. Ajouter les pois chiches, les échalotes, les olives et bien mélanger. Réfrigérer jusqu'au moment de servir.

Une heure avant de servir, mettre tous les ingrédients qui composent la vinaigrette dans un petit bol ou une tasse et fouetter jusqu'à épaississement. Laisser reposer 1 h pour libérer l'arôme de l'ail.

Au moment de servir, verser la vinaigrette sur la salade, et mélanger pour enrober tous les légumes. Garnir de persil et servir.

6 à 8 portions

Car tout ce qui vit est sacré, la vie trouve sa joie dans la vie.

William Blake

Salade saint Pierre et saint Paul

Saint Pierre et saint Paul, grands apôtres du Seigneur, sont morts martyrs à Rome. C'est pourquoi la liturgie célèbre leur fête le même jour, soit le 29 juin. Cette salade est toujours servie en entrée.

Salade

12 feuilles de laitue Boston
50 g (1 tasse) de germes de soja, rincés avec de l'eau bouillante et épongés avec un papier absorbant
4 tomates prunes, en quartiers
1 gros poivron rouge, épépiné et coupé en fines lanières sur la longueur
1 gros poivron vert, épépiné et coupé en fines lanières sur la longueur
2 branches de céleri, en fines tranches
1 bulbe de fenouil, sans les tiges et coupé en fines tranches
3 c. à soupe de graines de sésame (facultatif), grillées légèrement dans une poêle à sec à feu moyen

Vinaigrette

80 ml (1/3 tasse) d'huile d'olive extravierge
60 ml (1/4 tasse) de sauce soja
80 ml (1/3 tasse) de vinaigre de vin blanc ou de vinaigre distillé
1/2 c. à café (1/2 c. à thé) de jus de citron frais pressé
1/2 c. à café (1/2 c. à thé) de gingembre moulu ou frais, pelé et râpé
1 c. à café (1 c. à thé) de sucre
Sel et poivre blanc, au goût

2 œufs, cuits durs, écalés et hachés grossièrement

Tapisser le fond de chaque assiette de 2 feuilles de laitue. Dans un grand saladier, mélanger ensemble les germes de soja, les tomates, les poivrons, le céleri, le fenouil et les graines de sésame.

Mettre tous les ingrédients qui composent la vinaigrette dans un mélangeur et mixer quelques secondes. Verser sur la salade et bien mélanger. Partager la salade dans chaque assiette, garnir avec les œufs et servir immédiatement.

6 à 8 portions

Salade de mangue piquante

Salade

2 grosses mangues mûres, pelées, la pulpe détachée du noyau, coupées en dés
2 endives moyennes, en feuilles séparées et coupées en fines tranches
1 oignon rouge moyen, émincé
1 gros poivron rouge, épépiné et coupé en fines lanières sur la longueur
1 gros poivron vert, épépiné et coupé en fines lanières sur la longueur

Vinaigrette

80 ml (1/3 tasse) d'huile d'olive extravierge
3 c. à soupe de jus de citron frais pressé
1/2 c. à café (1/2 c. à thé) de gingembre moulu
Une pincée de cayenne
Sel et poivre noir frais moulu

1 laitue en feuilles, au choix
Quelques brins de coriandre fraîche, hachés finement

Mettre tous les ingrédients de la salade dans un grand bol.

Dans un petit bol ou une tasse, fouetter ensemble tous les ingrédients qui composent la vinaigrette jusqu'à épaississement. Rectifier l'assaisonnement. Verser sur la salade et mélanger pour bien enrober tous les légumes. Réfrigérer 1 h.

Au moment de servir, tapisser quelques feuilles de laitue dans chaque assiette. Mettre un peu de salade au centre de chacune en s'assurant d'avoir bien partagé les légumes. Garnir de coriandre et servir immédiatement.

6 portions

Le tombeau de celui qui meurt pour la vérité est une terre sacrée.

PROVERBE ALLEMAND

Juillet

Salade de pommes de terre à la russe

6 grosses pommes de terre, pelées et coupées en dés
2 grosses carottes, pelées et coupées en dés
2 betteraves moyennes, pelées et coupées en dés
150 g (1 tasse) de petits pois congelés
3 cornichons, en fines tranches
60 g (1/2 tasse) d'olives vertes dénoyautées, égouttées et hachées
3 œufs, cuits durs, écalés et hachés
1 oignon moyen, haché finement
125 g (1/2 tasse) de Mayonnaise maison (p. 243) ou du commerce
2 c. à café (2 c. à thé) de moutarde de Dijon, de Meaux ou autre
Aneth, émincé (facultatif)

Cuire séparément, dans l'eau bouillante salée, les pommes de terre (de 4 à 5 min), les carottes (environ 5 min), les betteraves (environ 5 min) et les petits pois (environ 3 min). Quand tous ces légumes sont tendres, égoutter, rincer à l'eau froide et laisser refroidir dans le réfrigérateur.

Mettre les légumes refroidis dans un grand bol profond. Ajouter les cornichons, les olives, les œufs, les oignons et bien mélanger.

Mélanger ensemble la mayonnaise et la moutarde dans un petit bol ou une tasse. Verser sur la salade et bien mélanger pour enrober tous les légumes. Couvrir et laisser refroidir plusieurs heures avant de servir.

Au moment de servir, garnir d'aneth.

6 à 8 portions

Taboulé du Moyen-Orient

285 g (1 1/2 tasse) de bulghur
750 ml (3 tasses) d'eau froide
Une pincée de sel
12 tomates cerises, coupées en deux
2 poivrons verts moyens, épépinés et coupés en dés
1 concombre moyen, pelé, coupé en quatre sur la longueur, épépiné et coupé en dés
Quelques brins de persil plat frais, hachés finement
14 feuilles de menthe fraîche, en filaments
3 échalotes, émincées
2 petites gousses d'ail, émincées
80 ml (1/3 tasse) d'huile d'olive extravierge
60 ml (1/4 tasse) de jus de citron frais pressé
Poivre noir frais moulu, au goût

Dans un bol moyen, couvrir le bulghur d'eau froide et laisser tremper environ 30 min. Égoutter et transvaser dans une grande casserole. Ajouter l'eau, le sel et porter rapidement à ébullition. Couvrir, réduire la chaleur à moyen-doux et cuire environ 30 min, jusqu'à absorption complète de l'eau. Rincer à l'eau froide et bien égoutter. Mettre le bulghur dans un grand saladier.

Ajouter les tomates, les poivrons, les concombres, le persil, la menthe, les échalotes, l'ail et touiller légèrement. Réfrigérer au moins 1 h ou jusqu'au moment de servir.

Avant de servir, ajouter l'huile et le jus de citron, assaisonner de sel et de poivre, mélanger pour bien enrober tous les légumes. Servir immédiatement.

4 à 6 portions

Tomates à l'alsacienne

Cette appétissante salade est servie durant les mois d'été ou très tôt en automne quand les tomates regorgent de saveur. Je la recommande à l'heure du lunch.

Salade

6 tomates prunes

6 petites pommes de terre rouges, cuites dans l'eau bouillante salée jusqu'à ce qu'elles soient tendres, égouttées, pelées et coupées en quartiers

1 oignon rouge moyen, haché finement

15 g (1/2 tasse) de feuilles de cerfeuil, hachées finement

Vinaigrette

1 c. à café (1 c. à thé) de moutarde de Dijon

125 ml (1/2 tasse) d'huile d'olive extravierge

60 ml (1/4 tasse) de vinaigre d'estragon

Sel et poivre noir frais moulu

6 œufs, cuits durs, écalés et coupés en quartiers

Olives vertes dénoyautées, hachées grossièrement

Mettre les tomates et les pommes de terre dans un bol profond et parsemer les oignons et le cerfeuil.

Mettre tous les ingrédients qui composent la vinaigrette dans un petit bol ou une tasse et fouetter jusqu'à épaississement. Verser sur la salade et remuer légèrement à quelques reprises. Partager la salade dans 6 assiettes. Disposer harmonieusement 4 quartiers d'œuf dans chacune, garnir d'olives et servir immédiatement.

6 portions

Nos repas sont charmants encore que modestes,
grâce à ton art profond d'accommoder les restes.

PAUL VERLAINE

Tomates farcies aux œufs et au thon de la Costa Brava

180 g (6 oz) de thon en conserve, égoutté
1 petit cœur de céleri, en fines tranches
1 concombre moyen, pelé, épépiné et coupé en dés
1 oignon rouge moyen, haché finement
3 œufs, cuits durs, écalés et hachés grossièrement
10 olives vertes, dénoyautées et hachées grossièrement
125 g (1/2 tasse) de Mayonnaise maison (p. 243) ou du commerce, ou plus au goût
Quelques brins d'aneth frais, hachés finement
Sel et poivre noir frais moulu
8 tomates moyennes mûres
1 laitue en feuilles, au choix, en feuilles séparées

Mettre le thon dans un grand bol profond et le défaire en flocons à l'aide d'une fourchette.

Ajouter le céleri, les concombres, les oignons, les œufs, les olives et bien mélanger. Ajouter la mayonnaise, l'aneth, le sel et le poivre. Bien mélanger tous les ingrédients. Réfrigérer au moins 3 h ou jusqu'au moment de servir.

Environ 1 h avant de passer à table, retirer le pédoncule des tomates, les couper en deux parties égales et, à l'aide d'une cuillère, retirer la chair en prenant soin de ne pas percer la peau. Retourner les tomates pour débarrasser complètement de tout liquide. Farcir généreusement les tomates avec le mélange aux œufs et au thon. Mettre 3 feuilles de laitue dans chacune des 8 assiettes pour former un trèfle, puis disposer 2 demi-tomate au centre de chacune. Servir immédiatement.

8 portions

Pour celui qui n'aime pas, l'amour apparaît comme une langue barbare.

BERNARD DE CLAIRVAUX

Salade de fusillis à la menthe

Salade

480 g (1 lb) de fusillis
6 tomates prunes, en quartiers
1 concombre moyen, pelé, coupé en quartiers sur la longueur, épépiné et coupé en petits morceaux
1 oignon Vidalia moyen, en fines tranches
1 bulbe de fenouil, sans les tiges et coupé en fines tranches
10 g (1/3 tasse) de menthe fraîche, hachée

Vinaigrette

6 c. à soupe d'huile d'olive extravierge
4 c. à café (4 c. à thé) de jus de citron frais pressé
1/2 c. à café (1/2 c. à thé) de moutarde en poudre
Sel et poivre noir frais moulu

Cuire les fusillis dans l'eau bouillante salée. Les pâtes doivent rester *al dente*. Égoutter, rincer à l'eau froide et égoutter de nouveau en secouant la passoire. Mettre les fusillis dans un grand saladier et ajouter tous les autres ingrédients de la salade.

Mettre tous les ingrédients qui composent la vinaigrette dans un petit bol ou une tasse et fouetter jusqu'à épaississement. Verser sur la salade et mélanger pour bien enrober tous les légumes. Servir la salade à température ambiante ou réfrigérer 30 min et servir froid.

6 à 8 portions

Salade de macaronis

Salade
480 g (1 lb) de macaronis
4 œufs, cuits durs, écalés et hachés grossièrement
3 branches de céleri, en fines tranches
4 cornichons, en fines tranches
60 g (1/2 tasse) d'olives vertes, dénoyautées, rincées et hachées grossièrement
1 petit oignon rouge, haché finement

Vinaigrette
125 g (1/2 tasse) de Mayonnaise maison (p. 243) ou du commerce
1 c. à soupe de moutarde de Dijon, de Meaux ou autre
10 g (1/4 tasse) d'aneth frais, haché finement
Poivre noir frais moulu, au goût

Cuire les macaronis dans l'eau bouillante salée jusqu'à ce qu'ils soient *al dente*. Égoutter et rincer à l'eau froide. Égoutter de nouveau en secouant bien la passoire. Mettre les macaronis dans un grand saladier et ajouter le reste des ingrédients de la salade.

Mettre les ingrédients qui composent la vinaigrette dans un petit bol ou une tasse et fouetter jusqu'à consistance onctueuse. Verser sur la salade et mélanger pour bien enrober tous les légumes. Couvrir et réfrigérer quelques heures. Servir froid.

6 à 8 portions

Salade de tomates et d'olives du Latium

Cette salade aux contrastes subtils est excellente quand les tomates abondent au marché. La vinaigrette est faite d'huile d'olive extravierge ; la touche de vinaigre vient accentuer la saveur.

Salade
6 grosses tomates mûres, en fines tranches
1 oignon rouge moyen, en fines tranches
12 tranches de mozzarella fraîche
30 olives noires, dénoyautées
12 feuilles de basilic frais, en filaments

Vinaigrette
80 ml (1/3 tasse) d'huile d'olive extravierge ou plus au besoin
2 c. à soupe de vinaigre de vin rouge
Sel et poivre noir frais moulu

Disposer les tranches de tomates harmonieusement dans 6 assiettes. Couvrir avec les oignons. Mettre 2 tranches de mozzarella sur le dessus et 5 olives. Garnir de basilic.

Mettre les ingrédients qui composent la vinaigrette dans un petit bol ou une tasse et fouetter jusqu'à ce qu'ils soient bien mélangés. Verser également sur chaque portion et servir immédiatement.

6 portions

Mieux vaut un demi-pain que pas de pain du tout.

PROVERBE ANGLAIS

Salade de pommes de terre et de haricots à la sicilienne
(Insalata alla Contadina)

Cette salade doit être servie légèrement refroidie ou à température ambiante.

Vinaigrette

125 ml (1/2 tasse) d'huile d'olive extravierge
5 c. à soupe de vinaigre de vin rouge
1 gousse d'ail, émincée
Sel et poivre noir frais moulu

Salade

480 g (1 lb) de pommes de terre rouges nouvelles, cuites dans l'eau bouillante salée jusqu'à ce qu'elles soient tendres, égouttées, pelées et coupées en quartiers
240 g (8 oz) de haricots verts (casser les extrémités, cuire dans l'eau bouillante salée jusqu'à ce qu'ils soient tendres mais encore croquants sous la dent, égoutter et couper en morceaux de 5 cm (2 po)
240 g (8 oz) de haricots jaunes (casser les extrémités, cuire dans l'eau bouillante salée jusqu'à ce qu'ils soient tendres mais encore croquants sous la dent, égoutter et couper en morceaux de 5 cm (2 po)
1 oignon rouge, haché grossièrement
60 g (1/2 tasse) d'olives noires, dénoyautées, égouttées et hachées
3 c. à soupe de câpres, égouttées
4 petits cornichons, en fines tranches

Quelques heures avant de servir, mettre les ingrédients qui composent la vinaigrette dans un petit bol ou une tasse, fouetter jusqu'à épaississement et laisser reposer pour libérer l'arôme de l'ail.

Mélanger ensemble tous les ingrédients de la salade et réfrigérer environ 2 h.

Avant de servir, fouetter la vinaigrette de nouveau, verser sur la salade et mélanger légèrement pour enrober tous les légumes.

6 à 8 portions

Salade d'été à l'italienne
(Insalata d'Estate)

Cette succulente salade d'été est parfaite après un repas. Selon la tradition italienne, elle a le pouvoir de régénérer notre système digestif.

Salade

1 laitue romaine moyenne, en bouchées
1 petite chicorée frisée, en bouchées
4 tomates moyennes, mûres et fermes, en tranches
1 concombre moyen, en rondelles (pelé s'il n'est pas fraîchement cueilli)
1 oignon rouge ou Vidalia moyen, en fines tranches
10 feuilles de basilic frais, en filaments

Vinaigrette

80 ml (1/3 tasse) d'huile d'olive extravierge
60 ml (1/4 tasse) de vinaigre de vin rouge
Sel et poivre noir frais moulu

Dans un grand bol, bien mélanger tous les ingrédients de la salade.

Avant de servir, mettre tous les ingrédients qui composent la vinaigrette dans un petit bol ou une tasse et fouetter jusqu'à épaississement. Verser sur la salade, bien mélanger pour enrober tous les légumes et servir immédiatement.

6 à 8 portions

La plus grande chose que l'on puisse faire pour notre Père céleste est d'être gentil envers ses autres enfants.

Henry Drummond

Salade à la toscane
(Panzanella)

Cette salade est particulièrement populaire dans les monastères italiens où les moines incorporent le pain de la veille dans les soupes ou les salades. Au monastère, frugalité et simplicité vont de pair. Rien n'est gaspillé parce que les moines trouvent toujours des moyens astucieux pour utiliser les restes.

Salade

200 g (5 tasses) de pain de campagne avec la croûte, rassis et coupé en cubes
3,5 kg (8 lb) de tomates prunes mûres, évidées et coupées en dés
1 oignon rouge, haché finement
1 concombre moyen, pelé, épépiné et coupé en dés
8 olives noires, dénoyautées et hachées
6 olives vertes, dénoyautées et hachées
15 g (1/2 tasse) de feuilles de basilic frais, tassées et coupées en fines lanières
1 c. à soupe de feuille de thym frais ou 1 c. à café (1 c. à thé) de thym séché

Vinaigrette

6 c. à soupe d'huile d'olive extravierge
3 c. à soupe de vinaigre de vin rouge
Sel et poivre noir frais moulu

Mettre le pain, les tomates, les oignons, les concombres et les olives dans un grand saladier. Ajouter le basilic et le thym.

Mettre tous les ingrédients qui composent la vinaigrette dans un petit bol ou une tasse et fouetter jusqu'à épaississement. Verser lentement sur la salade et bien mélanger pour enrober le tout. Laisser reposer à température ambiante environ 30 min, jusqu'à ce que les morceaux de pain ramollissent. Avant de servir, rectifier l'assaisonnement. Cette salade doit être servie à température ambiante.

6 à 8 portions

Salade Camille

Cette salade est souvent servie en entrée, mais on peut en faire un plat principal pendant la saison estivale.

Salade

6 tomates moyennes mûres, en tranches
3 petits avocats mûrs mais fermes
2 c. à soupe de jus de citron frais pressé
360 g (12 oz) de thon en conserve, égoutté et haché grossièrement
3 œufs, cuits durs, écalés et coupés en quartiers sur la longueur
12 olives noires, dénoyautées

Vinaigrette

80 ml (1/3 tasse) d'huile de noisette ou d'huile d'olive extravierge
60 ml (1/4 tasse) de vinaigre de vin rouge
1 c. à soupe de moutarde de Dijon, de Meaux ou autre
1 échalote, émincée
Sel et poivre noir frais moulu

Quelques brins de persil plat frais, hachés finement

Sur un joli plateau, disposer les tomates en cercle près du bord extérieur. Couper les avocats en deux, retirer la pelure et le noyau et couper délicatement en dés. Mettre les avocats dans un petit bol, verser le jus de citron, mélanger délicatement et déposer au centre du plateau. Mettre le thon sur les avocats et les tranches d'œufs entre les tranches de tomates. Parsemer les olives sur les tomates.

Mettre tous les ingrédients qui composent la vinaigrette dans un mélangeur et mixer quelques secondes. Verser la vinaigrette partout sur la salade. Garnir de persil et servir immédiatement.

6 portions

Salade de courgettes à la basquaise

Voici un excellent hors-d'œuvre à déguster pendant l'été.

Salade

4 courgettes fraîches moyennes, en cubes
6 tomates prunes, hachées grossièrement
1 oignon rouge ou blanc moyen, haché grossièrement
1 poivron rouge ou jaune, épépiné et coupé en dés

Vinaigrette

125 ml (1/2 tasse) d'huile d'olive extravierge
60 ml (1/4 tasse) de vinaigre de vin rouge
Sel et poivre noir frais moulu

Les feuilles d'une botte de persil plat frais, hachées finement

Dans une casserole remplie d'eau bouillante salée, cuire les courgettes environ 2 à 3 min pour les conserver croquantes. Égoutter et rincer à l'eau froide. Égoutter une seconde fois tout en remuant énergiquement la passoire ou bien les éponger et les mettre dans un grand saladier. Ajouter les tomates, les oignons, les poivrons et mélanger légèrement.

Avant de servir, mettre tous les ingrédients qui composent la vinaigrette dans un petit bol ou une tasse et fouetter jusqu'à épaississement. Verser sur la salade, bien mélanger pour enrober tous les légumes. Saupoudrer de persil et servir immédiatement.

6 à 8 portions

Salade saint Benoît

Saint Benoît est le père et le patriarche des moines de l'Occident. Il est né à Nursie, en Italie, vers 480 et il est mort au Mont-Cassin vers 547. La règle qu'il a instaurée est suivie depuis ce temps par des milliers de moines et de moniales. Elle a servi de fondement à la civilisation occidentale. Saint Benoît est le patron de l'Europe. Nous le célébrons le 11 juillet.

Salade

285 g (1 1/2 tasse) de riz
3 concombres moyens, pelés
90 g (1/2 tasse) de raisins secs dorés
60 g (1/2 tasse) d'olives noires, dénoyautées, rincées et hachées grossièrement
1 c. à soupe de câpres
2 échalotes, hachées finement
2 c. à soupe de menthe fraîche, hachée finement
2 c. à soupe de jus de citron frais pressé

Mayonnaise au cari

125 g (1/2 tasse) de Mayonnaise maison (p. 243) ou du commerce
1 gousse d'ail, émincée
1 c. à café (1 c. à thé) de cari

Feuilles de laitue

Cuire le riz dans l'eau salée en suivant les indications inscrites sur l'emballage, mais retirer du feu alors qu'il est encore ferme. Égoutter complètement, puis rincer à l'eau froide. Laisser refroidir et verser dans un grand bol.

Pendant ce temps, couper les concombres en deux sur la longueur et retirer les graines à l'aide d'une petite cuillère. Couper en cubes et laisser reposer environ 30 min. Mélanger avec le riz. Ajouter les raisins secs, les olives, les câpres, les échalotes, la menthe et le jus de citron. Bien remuer.

Dans une tasse ou un petit bol, fouetter ensemble les ingrédients qui composent la mayonnaise jusqu'à consistance onctueuse. Verser sur la salade et bien remuer. Laisser refroidir la salade quelques heures avant de servir sur les feuilles de laitue.

6 portions

Salade de lentilles du prophète Élie

Voici une salade extraordinaire pour un pique-nique ou un repas du soir. Je la sers souvent vers le 20 juillet, fête du prophète biblique Élie.

Salade

480 g (1 lb) de lentilles sèches noires ou vertes, triées et rincées
1,5 litre (6 tasses) d'eau
Une pincée de sel
1 cœur de céleri, haché finement
1 bulbe de fenouil, sans les tiges et haché finement
1 oignon rouge, haché finement
2 petits concombre à mariner, en petits morceaux
Les feuilles d'une botte de coriandre, hachées finement
Quelques brins de persil plat frais, hachés finement

Vinaigrette française de luxe

80 ml (1/3 tasse) d'huile d'olive extravierge
60 ml (1/4 tasse) de jus de citron frais pressé
1 c. à soupe de sauce chili
1 c. à soupe de moutarde de Dijon ou autre
1 c. à café (1 c. à thé) de raifort
1 gousse d'ail, émincée
1/2 c. à café (1/2 c. à thé) de paprika
Sel et poivre noir frais moulu, au goût

Mettre les lentilles dans une grande casserole d'eau salée et porter à ébullition. Réduire la chaleur et laisser mijoter 15 min. Il est important de ne pas trop cuire les lentilles ; elles doivent rester fermes et croquantes. Égoutter, rincer à l'eau froide et secouer énergiquement le chinois ou la passoire pour retirer le plus d'eau possible. Verser dans un grand bol, ajouter le céleri, le fenouil, les oignons et les concombres. Mélanger. Ajouter la coriandre et le persil et remuer légèrement.

À l'aide du mélangeur, mixer tous les ingrédients de la vinaigrette jusqu'à consistance onctueuse. Verser sur la salade et bien remuer. Couvrir et laisser refroidir au réfrigérateur de 2 à 3 h avant de servir.

6 à 8 portions

Salade sainte Marie Madeleine

On dit que Jésus a guéri Marie Madeleine de ses sept démons. Cette femme a été le premier témoin de la résurrection du Christ. Sa fête est célébrée le 22 juillet.

Salade

1 botte de roquette
1 botte de mâche
1 oignon rouge moyen, en fines tranches
1 petit fromage de chèvre d'environ 120 g (4 oz)

Vinaigrette

6 c. à soupe d'huile d'olive extravierge
2 c. à soupe de vinaigre de vin blanc ou rouge
1 c. à café (1 c. à thé) de sel
1/2 c. à café (1/2 c. à thé) de poivre noir frais moulu

Préchauffer le four à 180 °C (350 °F). Jeter les tiges coriaces de la roquette et de la mâche et mettre les feuilles dans un grand saladier avec les oignons.

Dans un petit plat de cuisson, faire chauffer le fromage au four de 5 à 6 min.

Mettre les ingrédients qui composent la vinaigrette dans une tasse ou un petit bol et fouetter jusqu'à ce qu'elle épaississe. Verser sur la salade et bien remuer. Servir dans 4 assiettes individuelles. Émietter du fromage de chèvre sur chaque portion et servir immédiatement.

La tolérance est une attitude de l'âme qui cherche à comprendre les croyances, les pratiques et les habitudes de l'autre sans nécessairement les partager ni les accepter.

JOSHUA LIEBMAN

Salade saint Joachim

Saint Joachim est le père de la Vierge Marie. On le fête le 26 juillet en même temps que sainte Anne, mère de Marie.

1 chou-fleur
6 grosses betteraves, parées
240 g (8 oz) de haricots verts fins, équeutés
30 tomates cerises
375 ml (1 1/2 tasse) d'Aïoli (p. 244), gardé au frais jusqu'au moment de l'utiliser
2 échalotes, hachées finement
Les feuilles d'une botte de persil plat frais, hachées finement

Parer le chou-fleur et séparer les bouquets. Cuire de 4 à 5 min dans l'eau bouillante salée, jusqu'à ce qu'il soit tendre et croquant. Égoutter et rincer à l'eau froide. Égoutter de nouveau en secouant énergiquement le chinois ou la passoire. Réserver.

Cuire les betteraves entières dans l'eau bouillante salée environ 10 min, jusqu'à ce qu'elles soient tendres et croquantes. Égoutter et laisser refroidir. Peler et couper en cubes. Réserver séparément des choux-fleurs.

Cuire les haricots verts dans l'eau bouillante salée de 4 à 5 min, jusqu'à ce qu'ils soient tendres. Égoutter et rincer à l'eau froide. Égoutter de nouveau en secouant énergiquement le chinois ou la passoire. Réserver séparément des autres légumes. Mettre une petite quantité de choux-fleurs autour de chacune des 6 assiettes individuelles. Mettre une quantité égale de betteraves près des choux-fleurs. Continuer avec un peu de haricots verts et 5 tomates cerises. Verser environ 60 ml (1/4 tasse) d'aïoli au centre des assiettes. Parsemer les échalotes sur les betteraves et les haricots verts. Parsemer le persil sur les choux-fleurs et les tomates. Servir immédiatement.

6 portions

Salade sainte Anne

Sainte Anne est la mère de la Vierge Marie et la grand-mère du Christ. On la fête le 26 juillet. On peut se procurer des grains de blé germés dans les magasins d'aliments naturels, les grands supermarchés et les marchés orientaux.

Salade

240 g (8 oz) de grains de blé germés
500 ml (2 tasses) d'eau
Une pincée de sel
300 g (1 1/2 tasse) de lentilles noires sèches (françaises de préférence), triées et rincées
1 oignon Vidalia moyen ou autre oignon doux, haché finement
1 petite botte de radis, parés et coupés en fines tranches

Vinaigrette

155 ml (1/2 tasse + 2 c. à soupe) d'huile de noisette
5 c. à café (5 c. à thé) de jus de citron vert fraîchement pressé
1 c. à soupe de sauce chili
2 c. à café (2 c. à thé) de graines de carvi
1 c. à café (1 c. à thé) de paprika
Sel et poivre noir frais moulu

8 feuilles de menthe fraîche, hachées finement

Dans une grande casserole, mélanger les grains de blé germés et l'eau. Ajouter le sel et porter à faible ébullition à feu moyen-doux. Laisser bouillonner environ 15 min. Égoutter et rincer à l'eau froide. Égoutter de nouveau et secouer énergiquement la passoire. Réserver.

Pendant la cuisson des grains de blé, cuire les lentilles à l'eau bouillante salée de 15 à 20 min, jusqu'à ce qu'elles soient tendres. Égoutter, rincer à l'eau froide et égoutter de nouveau en secouant énergiquement la passoire.

Dans un grand bol, mélanger les grains de blé, les lentilles, les oignons et les radis. Mélanger légèrement et réserver au moins 2 h au réfrigérateur.

Au moment de servir, fouetter ensemble tous les ingrédients de la vinaigrette dans une tasse ou un petit bol. Verser sur la salade et remuer légèrement. Ajouter la menthe, bien remuer et servir immédiatement.

6 à 8 portions

Melons farcis

Voici un repas du midi complet et succulent.

Salade

2 petits melons mûrs au choix
375 g (1 1/2 tasse) de fromage cottage
60 g (1/2 tasse) de noix, hachées
90 g (1/2 tasse) de raisins secs sans pépins
1/4 c. à café (1/4 c. à thé) de muscade moulue
Quelques feuilles de menthe fraîche

Vinaigrette

125 ml (1/2 tasse) de crème légère ou de crème moitié moitié
1/2 c. à café (1/2 c. à thé) de muscade moulue
1 c. à café (1 c. à thé) de paprika
1 c. à café (1 c. à thé) de jus de citron frais pressé
1 c. à soupe + 1 c. à café (1 c. à thé) de miel
Une pincée de poivre blanc

Couper les melons en deux sur la longueur et retirer les graines. Conserver dans le réfrigérateur jusqu'au moment de servir.

Dans un bol profond, mélanger le fromage cottage, les noix, les raisins secs, la muscade et la menthe. Bien remuer à l'aide d'une fourchette.

À l'aide du mélangeur, combiner les ingrédients de la vinaigrette jusqu'à consistance onctueuse. Rectifier l'assaisonnement.

Farcir les melons avec la préparation au fromage cottage. Napper de vinaigrette et servir immédiatement.

4 portions

Assiette de fruits d'été

Quoi de plus rafraîchissant que ce mélange de fruits frais pendant les longues journées d'été ? Voici une salade de fruits de base facile à préparer et très nourrissante. Utilisez une cuillère à melon pour prélever les boules de melon.

Salade

1 laitue au choix
500 g (2 tasses) de yogourt nature, ou plus au besoin
280 g (2 tasses) de boules de melon d'eau (pastèque) sans pépins
280 g (2 tasses) de boules de melon sans pépins
4 oranges, pelées, séparées en quartiers et coupées en deux
4 pêches mûres, pelées, dénoyautées et coupées en tranches épaisses
240 g (2 tasses) de bleuets, triés
240 g (2 tasses) de framboises fraîches
Jus de citron frais pressé

Tapisser une grande assiette ovale avec les feuilles de laitue. Verser le yogourt dans un bol et le mettre au centre de l'assiette. Disposer tous les fruits autour du bol. Arroser le melon d'eau, le melon et les pêches de jus de citron.

Faire circuler l'assiette à table et laisser les invités se servir au goût.

6 à 8 portions

Août

Salade de haricots noirs à la mexicaine

Salade
440 g (15 1/2 oz) de haricots noirs en conserve, égouttés, rincés sous l'eau froide et égouttés de nouveau
4 épis de maïs, épluchés, cuits dans l'eau bouillante 5 min, égouttés et égrenés
2 branches de céleri, en fines tranches
1 poivron vert moyen, épépiné et haché grossièrement
1 petit piment chili, épépiné et haché grossièrement (facultatif)
1 oignon rouge moyen, haché finement
10 g (1/3 tasse) de coriandre fraîche, hachée finement

Vinaigrette
60 ml (1/4 tasse) d'huile d'olive extravierge
60 ml (1/4 tasse) de jus de citron vert frais pressé
1 gousse d'ail, émincée
Une pincée de cumin moulu
Sel et poivre noir frais moulu

1 laitue Boston, en feuilles séparées

Mettre tous les ingrédients qui composent la salade dans un grand bol et bien mélanger. Couvrir et réfrigérer 2 h.

Une heure avant de servir, dans une tasse ou un petit bol, mélanger tous les ingrédients qui composent la vinaigrette. Laisser reposer au moins 1 h pour libérer l'arôme de l'ail.

Au moment de servir, verser la vinaigrette sur la salade et mélanger pour enrober tous les légumes. Tapisser les assiettes de 2 ou 3 feuilles de laitue. À l'aide d'une cuillère, disposer un peu de la salade dans chaque assiette et servir immédiatement.

6 portions

Salade niçoise

Salade

1 grosse laitue Boston, en feuilles séparées
6 tomates prunes mûres, en quartiers
1 gros concombre, épépiné et coupé en cubes
2 poivrons verts, épépinés et coupés en fines lanières sur la longueur
1 gros oignon rouge, en fines tranches
180 g (6 oz) de thon pâle en morceaux en conserve, égoutté et haché grossièrement
60 g (1/2 tasse) d'olives niçoises, égouttées et dénoyautées
4 œufs, cuits durs, écalés et coupés en quartiers
7 g (1/4 tasse) de feuilles de basilic frais, bien tassées et hachées finement
7 g (1/4 tasse) de persil plat frais, bien tassé et haché finement

Vinaigrette

155 ml (1/2 tasse + 2 c. à soupe) d'huile d'olive extravierge
2 c. à soupe de vinaigre d'estragon
Sel et poivre fraîchement moulu

Tapisser le tour d'une grande assiette de service de feuilles de laitue. Disposer harmonieusement les tomates, les concombres, les poivrons et les oignons sur les feuilles de laitue en prenant soin de ne pas couvrir le centre. Au centre, mettre le thon entouré d'olives. Mettre les quartiers d'œuf autour de l'assiette. Saupoudrer la salade d'herbes fraîches.

Au moment de servir, dans une tasse ou dans un petit bol, bien mélanger tous les ingrédients qui composent la vinaigrette jusqu'à épaississement et verser en filet sur toute la salade. Mélanger légèrement les tomates, les concombres, les poivrons et les oignons sans déranger le reste. Servir immédiatement à température ambiante.

6 portions

Ce qu'il y a de bien dans la vieillesse, c'est qu'on ne perd pas les autres âges qu'on a eus.

MADELEINE L'ENGLE

Salade espagnole

Salade

6 tomates mûres, en quartiers

1 poivron rouge moyen, épépiné et coupé en fines lanières sur la longueur

1 poivron jaune moyen, épépiné et coupé en fines lanières sur la longueur

2 poivrons verts moyens, épépinés et coupés en fines lanières sur la longueur

1 oignon rouge moyen, en fines tranches

2 petits concombres, pelés et coupés en rondelles

60 g (1/2 tasse) d'olives vertes, égouttées et dénoyautées

Vinaigrette

125 ml (1/2 tasse) d'huile d'olive extravierge (espagnole de préférence)

60 ml (1/4 tasse) de vinaigre de xérès

Sel et poivre noir frais moulu

Une pincée de paprika

Dans un grand bol, mettre les tomates, les poivrons, les oignons, les concombres et les olives. Avant d'ajouter les oignons dans la salade, on peut les plonger dans l'eau bouillante 3 min pour atténuer leur goût piquant. Égoutter et mettre dans la salade.

Dans une tasse ou un petit bol, mélanger tous les ingrédients qui composent la vinaigrette jusqu'à épaississement.

Au moment de servir, verser la vinaigrette sur la salade, mélanger légèrement pour enrober tous les légumes et servir à température ambiante.

6 portions

Salade de la Transfiguration

Cette salade doit toujours être servie froide. Elle convient merveilleusement aux pique-niques et aux repas pris à l'extérieur. Nous préparons cette salade à notre monastère lors d'occasions spéciales telles que la fête de la Transfiguration du Seigneur, le 6 août.

Salade

1 litre (4 tasses) d'eau
190 g (1 tasse) de riz sauvage
450 g (15 1/2 oz) de pois chiches en conserve, rincés et égouttés
1 petit oignon rouge, haché finement
2 branches de céleri, en fines tranches
200 g (1 tasse) de tomates cerises

Vinaigrette

60 ml (1/4 tasse) d'huile d'olive
60 ml (1/4 tasse) d'huile de noisette
60 ml (1/4 tasse) de vinaigre de cidre ou de vinaigre de vin blanc
5 c. à soupe de crème sure ou de crème fraîche légère
3 c. à soupe de relish sucré
1 c. à café (1 c. à thé) de sucre
Sel et poivre noir frais moulu

Persil plat frais, haché finement

Dans une casserole moyenne, porter l'eau à ébullition. Rincer le riz sauvage sous l'eau froide et le mettre dans l'eau bouillante. Couvrir et laisser mijoter à feu moyen-doux environ 30 à 40 min, jusqu'à ce que le riz soit tendre et ait absorbé tout le liquide. Laisser refroidir.

Mettre le riz dans un saladier profond. Ajouter les pois chiches, les oignons, le céleri, les tomates cerises et mélanger.

À l'aide d'un mélangeur, mixer tous les ingrédients de la vinaigrette jusqu'à consistance onctueuse. Verser la vinaigrette sur la salade et mélanger pour enrober tous les légumes.

Réfrigérer au moins 2 h avant de servir. Au moment de servir, garnir de persil.

6 à 8 portions

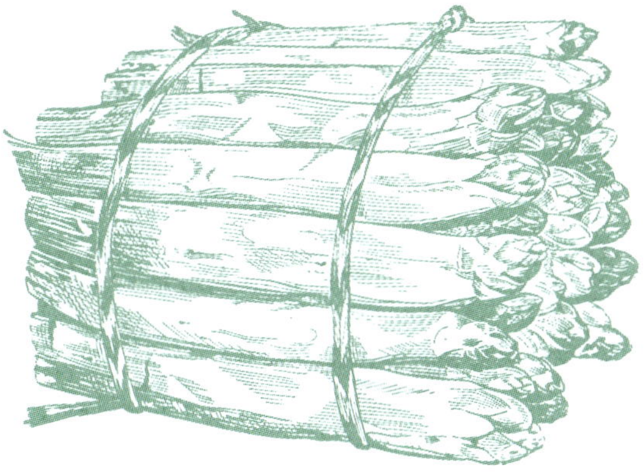

Salade gaspacho

Cette salade est un excellent hors-d'œuvre pour les chaudes journées d'été. On peut aussi la servir en accompagnement avec des plats de viande.

Salade

6 tomates prunes, coupées en quatre
3 poivrons verts moyens, épépinés et coupés en fines lanières sur la longueur
1 oignon rouge moyen, en fines tranches
2 concombres moyens (pelés s'ils ne sont pas frais du potager) et coupés en fines rondelles
18 olives vertes, dénoyautées et hachées grossièrement
1 gousse d'ail, émincée
2 petits avocats mûrs mais fermes
Les feuilles d'une botte de coriandre fraîche ou de persil plat, hachées finement

Vinaigrette

80 ml (1/3 tasse) d'huile d'olive extravierge espagnole ou autre
60 ml (1/4 tasse) de vinaigre de xérès ou de vinaigre de vin rouge
Sel et poivre fraîchement moulu

Dans un grand bol, mettre les tomates, les poivrons, les oignons, les concombres, les olives et l'ail.

Avant de servir, peler, dénoyauter et couper en tranches les avocats et ajouter à la salade avec la moitié de la coriandre. Mélanger légèrement.

Dans une tasse ou un petit bol, mélanger tous les ingrédients qui composent la vinaigrette jusqu'à épaississement, verser sur la salade et mélanger pour bien enrober tous les légumes. Répartir la salade dans 6 bols. Garnir avec le reste de coriandre et servir immédiatement.

6 portions

Salade israélienne

Même si je recommande de la servir froide, cette salade est également délicieuse servie à température ambiante, particulièrement pendant les froids mois d'hiver. Un ami qui vit en Israël m'a fait découvrir cette recette que j'ai adaptée en utilisant des ingrédients plus facile à trouver chez nous.

Salade

6 radis rouges, équeutés et coupés en fines tranches

4 concombres à mariner, en dés

2 concombres moyens, pelés, épépinés et coupés en dés

6 tomates prunes mûres, coupées en quatre

3 oignons verts (parties blanche et verte), hachés

12 olives vertes, dénoyautées et hachées grossièrement

4 c. à café (4 c. à thé) de câpres, égouttées

Vinaigrette

7 c. à soupe d'huile d'olive extravierge

2 c. à soupe de jus de citron frais pressé

Sel et poivre noir frais moulu

Une petite pincée de poivre de Cayenne

Les feuilles d'une petite botte de persil plat ou de cerfeuil, hachées finement

Dans un grand bol, mettre les radis, les concombres, les tomates, les oignons verts, les olives et les câpres. Mélanger légèrement et mettre au réfrigérateur de 1 à 2 h.

Au moment de servir, dans une tasse ou un petit bol, mélanger tous les ingrédients qui composent la vinaigrette jusqu'à épaississement et verser sur la salade. Mélanger légèrement pour enrober tous les légumes et partager dans 6 assiettes à salade. Saupoudrer de persil et servir immédiatement.

6 portions

Dieu me respecte quand je travaille, mais il m'aime quand je chante.

RABINDRANATH TAGORE

Salade mixte de jicamas

Cette salade est excellente comme hors-d'œuvre ou servie après le repas principal.

Salade

1 jicama (dolique bulbeux) d'environ 480 g (1 lb), pelé et émincé
4 petits concombres à mariner, en julienne
2 poivrons verts moyens, épépinés et coupés en fines lanières sur la longueur
2 pommes moyennes, pelées, évidées et coupées en julienne
1 c. à soupe de jus de citron frais pressé
6 feuilles de menthe fraîche, en fines lanières

Vinaigrette

60 ml (1/4 tasse) d'huile d'olive extravierge
2 c. à café (2 c. à thé) de jus de citron frais pressé
2 c. à café (2 c. à thé) de vinaigre de cidre
Sel et poivre fraîchement moulu

Dans un grand bol, mettre le jicama, les concombres, les poivrons, les pommes et le jus de citron. Mélanger légèrement, couvrir et réfrigérer de 1 à 2 h. Au moment de servir, ajouter la menthe.

Dans une tasse ou un petit bol, mélanger tous les ingrédients qui composent la vinaigrette jusqu'à épaississement et verser sur la salade. Remuer légèrement pour enrober tous les légumes. Servir immédiatement.

6 à 8 portions

Rotelles à la sauce Napoléon épicée

480 g (1 lb) de rotelles
480 g (1 lb) de petits pois congelés
1 petit oignon Vidalia ou autre oignon doux, haché finement
160 ml (2/3 tasse) de sauce Napoléon épicée (p. 249)

Cuire les pâtes dans l'eau bouillante salée jusqu'à ce qu'elles soient *al dente*. Ne pas trop cuire. Égoutter et rincer à l'eau froide pour les refroidir. Secouer énergiquement la passoire pour les égoutter de nouveau et mettre dans un saladier profond.

Cuire les petits pois dans l'eau bouillante salée en suivant les instructions inscrites sur l'emballage. Ne pas trop cuire. Égoutter et rincer à l'eau froide. Ajouter les petits pois dans le bol. Ajouter les oignons. Verser la sauce sur la salade et mélanger légèrement pour enrober tous les légumes.

Faire refroidir la salade au moins 3 h au réfrigérateur. Servir froid.

6 à 8 portions

> *Il y a en effet dans l'âme, d'une certaine façon, ces trois modes de temps et je ne les vois pas ailleurs : le présent du passé, c'est la mémoire ; le présent du présent, c'est la vision ; le présent du futur c'est l'attente.*
>
> AUGUSTIN D'HIPPONE

Salade de tomates italiennes

(Insalata di Pomodoro)

Salade

3 grosses tomates rouges mûres, en fines tranches

3 grosses tomates jaunes mûres, en fines tranches

1 oignon rouge moyen, en fines tranches

Une poignée de basilic frais, hachée

Vinaigrette

80 ml (1/3 tasse) d'huile d'olive extravierge ou plus au goût

2 c. à soupe de jus de citron frais pressé

Sel et poivre fraîchement moulu

Disposer harmonieusement les tomates rouges et jaunes dans 6 assiettes. Couvrir avec les tranches d'oignon. Garnir de basilic.

Dans une tasse ou un petit bol, mélanger tous les ingrédients qui composent la vinaigrette jusqu'à épaississement et verser en filet sur la salade. Servir à température ambiante.

6 portions

Salade de tomates, d'oignons et de mozzarella

Essayez-la comme entrée à l'heure du lunch ou au repas du soir.

6 grosses tomates rouges mûres, en tranches
3 grosses tomates jaunes mûres, en tranches
1 oignon rouge moyen, en fines tranches
16 feuilles de basilic frais ou plus, au goût
240 g (8 oz) de mozzarella fraîche, en tranches
Huile d'olive extravierge, au goût
Vinaigre balsamique, au goût
Sel de mer et poivre noir frais moulu, au goût
4 olives noires par portion (facultatif)

Disposer harmonieusement les tomates rouges et jaunes dans les assiettes. Couvrir les tomates de tranches d'oignon, de feuilles de basilic et de mozzarella.

Au moment de servir, verser un peu d'huile d'olive et de vinaigre balsamique au goût. Saupoudrer d'un peu de sel de mer et de poivre noir. Garnir chaque assiette avec 4 olives.

6 à 8 portions

Salade mixte à la provençale

Cette salade sert de transition avant le dessert. En France, on la sert avec un assortiment de fromages de la région.

Salade

1 petite chicorée frisée, en bouchées
1 botte de roquette, équeutée
1 petite botte de cresson, équeutée et coupée en bouchées
1 endive, en feuilles séparées et coupées en bouchées

Vinaigrette

60 ml (1/4 tasse) d'huile d'olive extravierge
3 c. à soupe de Vinaigre aromatisé aux framboises (p. 241)
1 c. à soupe de moutarde de Dijon, de Meaux ou autre
Sel et poivre fraîchement moulu

7 g (1/4 tasse) de cerfeuil frais, émincé

Mettre tous les légumes en feuilles dans un grand bol. Remuer jusqu'à ce qu'ils soient bien mélangés.

Dans une tasse ou un petit bol, mélanger tous les ingrédients qui composent la vinaigrette jusqu'à épaississement. Verser sur la salade et mélanger légèrement pour enrober tous les légumes. Saupoudrer de cerfeuil et servir immédiatement.

6 portions

Convier quelqu'un, c'est se charger de son bonheur pendant tout le temps qu'il est sous notre toit.

Anthelme Brillat-Savarin

Salade de crudités

Cette salade peut remplacer n'importe quelle soupe. Servez-la directement de la soupière ce qui favorisera la convivialité à table.

Salade

4 tomates moyennes mûres, en tranches
1 gros concombre, pelé, épépiné et coupé en petits dés
1 poivron rouge, épépiné et coupé en petits dés
1 poivron vert, épépiné et coupé en petits dés
1 oignon moyen, haché finement
1 petit chou vert ou rouge, sans le trognon et coupé en fines lanières
4 carottes moyennes, pelées et coupées en julienne

Les feuilles d'une petite botte de cerfeuil ou de persil plat frais, hachées finement

Vinaigrette

250 à 310 g (1 à 1 1/4 tasse) de yogourt nature léger, au goût
6 c. à soupe de mayonnaise (légère si désiré)
60 ml (1/4 tasse) d'huile d'olive extravierge
2 c. à soupe de jus de citron frais pressé
2 c. à soupe de vinaigre de cidre
1 c. à café (1 c. à thé) de paprika
1 c. à soupe de moutarde de Dijon, de Meaux ou autre
Sel et poivre blanc

Dans le coin d'une grande assiette carrée, disposer les tomates. Mettre les concombres, les poivrons et les oignons dans un bol moyen. Bien mélanger et les disposer dans un autre coin de l'assiette. Mettre le chou dans le troisième coin et les carottes dans le quatrième. Cette disposition des légumes met en valeur leurs magnifiques couleurs. Le centre doit rester libre pour accueillir la vinaigrette. Avant de servir, garnir de cerfeuil.

À l'aide d'un mélangeur, mixer tous les ingrédients qui composent la vinaigrette quelques secondes, jusqu'à ce qu'elle devienne onctueuse. Verser la vinaigrette dans un petit bol et le mettre au centre de la grande assiette avec une cuillère. Servir la salade à l'aide d'une grande cuillère et d'une grande fourchette.

6 à 8 portions

Salade Assumpta

Cette salade doit toujours être servie comme entrée. Elle fait partie de nos préférées lors des fêtes de Notre-Dame, particulièrement le 15 août, fête de l'Assomption alors que les tomates du potager sont à leur meilleur.

Vinaigrette

155 ml (1/2 tasse + 2 c. à soupe) d'huile d'olive extravierge
5 c. à soupe de vinaigre de vin rouge
1 gousse d'ail, émincée
Sel et poivre noir frais moulu

Salade

8 tomates moyennes mûres, en tranches
1 oignon rouge, haché finement
120 g (1 tasse) d'olives noires, dénoyautées et égouttées
10 g (1/3 tasse) de basilic frais, haché
7 g (1/4 tasse) d'origan frais, haché
7 g (1/4 tasse) de persil plat frais, haché
100 g (1 tasse) de feta, en cubes

Dans une tasse ou un petit bol, mélanger tous les ingrédients qui composent la vinaigrette jusqu'à épaississement. Laisser reposer 1 h avant de l'utiliser.

Disposer les tomates dans les assiettes. Parsemer les oignons sur les tomates, puis les olives. Saupoudrer d'herbes fraîches. Garnir de quelques cubes de feta au centre de chaque assiette.

Au moment de servir, mélanger la vinaigrette de nouveau et verser en filet sur chaque portion. Servir immédiatement.

6 à 8 portions

Salade Regina

Le 22 août, nous célébrons la Reine-Marie, reine du Ciel et de la Terre. Cette salade facile et rapide à préparer peut accompagner le plat principal ou être servie à la fin du repas. Si vous choisissez de l'emporter pour votre pique-nique, mettez la vinaigrette dans un autre contenant et ne l'ajoutez qu'à la dernière minute.

Salade
1 cœur de laitue romaine, en bouchées
6 tomates prunes, coupées en quatre
1 oignon rouge moyen, haché finement
200 g (1 tasse) de raisins verts sans pépins

Vinaigrette
80 ml (1/3 tasse) d'huile d'olive extravierge
4 c. à café (4 c. à thé) de vinaigre de vin rouge
Sel et poivre noir frais moulu

6 c. à soupe de parmesan frais, râpé

Mettre la laitue, les tomates, les oignons, les raisins dans un grand bol et faire refroidir 1 h.

Au moment de servir, sortir la salade du réfrigérateur. Dans une tasse ou un petit bol, mélanger tous les ingrédients qui composent la vinaigrette jusqu'à épaississement. Verser sur le dessus de la salade et mélanger légèrement pour enrober tous les légumes. Saupoudrer de parmesan et servir immédiatement.

6 portions

Salade saint Fiacre

Saint Fiacre est le saint patron des jardiniers. Ce moine irlandais a émigré en France où il est devenu célèbre pour la beauté de ses jardins. On le fête le 30 août.

Salade

300 g (1 1/2 tasse) de haricots verts, équeutés, cuits dans l'eau bouillante *(al dente)* et égouttés
2 bulbes de fenouil, sans les tiges et coupés de biais en fines tranches
4 tomates moyennes mûres, en tranches
2 avocats mûrs mais fermes, pelés, dénoyautés et coupé en cubes
1 oignon rouge moyen, en fines tranches
2 poivrons verts, épépinés et coupés en lanières sur la longueur
2 c. à soupe de jus de citron frais pressé

Vinaigrette

80 ml (1/3 tasse) d'huile d'olive extravierge
60 ml (1/4 tasse) de vinaigre de vin rouge
Sel et poivre fraîchement moulu

Les feuilles d'une botte de coriandre fraîche, hachées finement

Dans un grand bol, mélanger les haricots verts, le fenouil, les tomates, les avocats, les oignons et les poivrons. Arroser de jus de citron et mélanger légèrement.

Dans une tasse ou un petit bol, mélanger tous les ingrédients qui composent la vinaigrette jusqu'à épaississement. Ajouter de l'huile ou du vinaigre au besoin. Verser sur la salade et mélanger pour enrober tous les légumes. Saupoudrer de coriandre et servir immédiatement.

6 portions

Salade de cantaloups riviera

Servir cette salade avant le repas principal ou comme dessert.

2 cantaloups petits ou moyens mûrs, épépinés, évidés et coupés en bouchées
180 g (1 1/2 tasse) de bleuets mûrs et fermes, triés ou de raisins rouges sans pépins
2 c. à soupe de jus de citron frais pressé
80 ml (1/3 tasse) de xérès doux ou sec
3 c. à soupe de sucre
8 feuilles de menthe fraîche, émincées finement
250 g (1 tasse) de yogourt léger, nature ou à la vanille

Mettre les morceaux de cantaloup dans un grand bol en verre. Ajouter les bleuets, le jus de citron et mélanger légèrement. Réfrigérer 1 h.

Environ 1 h avant de servir, verser le xérès dans le saladier. Ajouter le sucre et la moitié de la menthe. Bien mélanger et remettre au réfrigérateur.

Au moment de servir, partager la salade dans des petits bols en verre de préférence. Garnir de 2 c. à soupe de yogourt au centre de chaque portion. Saupoudrer de menthe et servir immédiatement.

6 à 8 portions

Salade de pêches et de chicorée

Servez cette salade en toute saison, mais plus encore quand les pêches sont mûres à point. Elle est toujours délicieuse !

Salade

1 petite chicorée frisée, en bouchées
6 pêches mûres, pelées, dénoyautées et coupées en tranches sur la longueur
45 g (1 1/2 oz) de raisins secs dorés
50 g (1/2 tasse) de noix, hachées

Vinaigrette

80 ml (1/3 tasse) d'huile de noisette
60 ml (1/4 tasse) de vinaigre de vin blanc
Sel et poivre fraîchement moulu

120 g (4 oz) de fromage de chèvre, émietté

Mettre la chicorée, les pêches, les raisins et les noix dans un grand bol. Bien mélanger.

Dans une tasse ou un petit bol, mélanger tous les ingrédients qui composent la vinaigrette jusqu'à épaississement et verser sur la salade. Mélanger pour bien enrober les fruits et les légumes. Partager la salade dans 6 assiettes. Garnir de fromage de chèvre et servir immédiatement.

6 portions

Salade de kiwis et de pêches

Salade

4 kiwis, pelés et coupés en rondelles de même épaisseur
4 pêches mûres, pelées, dénoyautées et coupées en tranches de même épaisseur
120 g (1 tasse) de bleuets frais, équeutés
2 c. à soupe de jus de citron frais pressé

Vinaigrette

250 ml (1 tasse) de crème sure ou de crème fraîche légère
60 ml (1/4 tasse) de miel
60 ml (1/4 tasse) de porto
1 c. à soupe de sucre

Décorer le tour de 4 assiettes de tranches de kiwi. Dans un grand bol, mélanger les pêches, les bleuets et le jus de citron. Mettre un peu de fruits au centre de chaque assiette.

Dans une tasse ou un petit bol, mélanger tous les ingrédients qui composent la vinaigrette jusqu'à ce qu'elle soit onctueuse. Verser un peu de vinaigrette sur les fruits et servir immédiatement.

4 portions

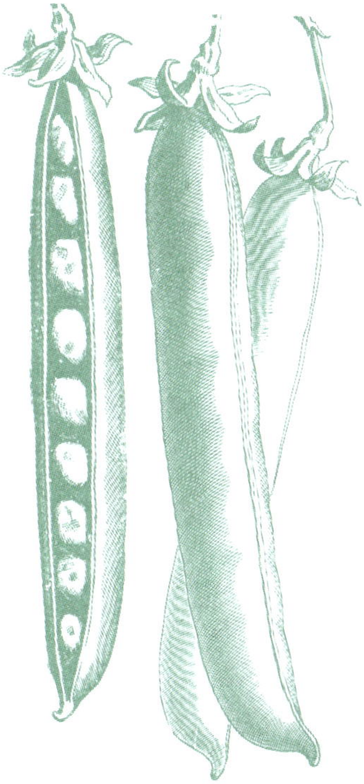

Salade d'été

J'aime préparer ce dessert en pleine saison des melons et des bleuets.

Salade

1 cantaloup mûr, épépiné, la chair retirée de la pelure et coupée en bouchées

1 melon d'eau (pastèque) moyen mûr, épépiné, la chair retirée de la pelure et coupée en bouchées

120 g (1 tasse) de bleuets frais, équeutés

Vinaigrette

5 c. à soupe de jus d'orange

3 c. à soupe de jus de citron frais pressé

60 ml (1/4 tasse) de miel

60 ml (1/4 tasse) de vin blanc sec

8 feuilles de menthe fraîche, émincées finement

Mettre les morceaux de cantaloup et de melon d'eau dans un grand bol en verre. Ajouter les bleuets et bien mélanger. Réfrigérer jusqu'au moment de servir.

À l'aide d'un mélangeur, mixer tous les ingrédients qui composent la vinaigrette jusqu'à ce qu'elle soit onctueuse. Ajouter l'un ou l'autre des ingrédients au besoin. Verser la vinaigrette sur la salade et mélanger pour enrober tous les fruits. Réfrigérer 30 min avant de servir. Garnir de menthe.

6 à 8 portions

Septembre

Salade mixte à la madrilène
(Ensalada mixta de Madrid)

Vinaigrette

125 ml (1/2 tasse) d'huile d'olive extravierge (espagnole de préférence)
60 ml (1/4 tasse) de vinaigre de xérès
1 gousse d'ail, émincée finement
Sel et poivre noir frais moulu

Salade

1 laitue Boston ou autre laitue pommée
180 g (6 oz) de thon en conserve, égoutté et haché grossièrement
1 oignon espagnol moyen, coupé en deux et en fines demi-lunes
3 tomates mûres moyennes, en quartiers
60 g (1/2 tasse) d'olives vertes, dénoyautées et égouttées
6 tiges d'asperges vertes ou blanches (facultatif), couper la partie la plus coriace à la base, cuites à la vapeur jusqu'à ce qu'elles soient tendres mais croquantes et coupées en morceaux de 5 cm (2 po)
3 œufs, cuits durs, écalés et coupés en tranches

Dans une tasse ou un petit bol, mélanger tous les ingrédients qui composent la vinaigrette jusqu'à épaississement et laisser reposer 20 min pour libérer l'arôme de l'ail.

Laver et éponger les feuilles de laitue. Les couper en deux et les mettre dans un grand bol. Ajouter tous les autres ingrédients sauf les œufs.

Au moment de servir, verser la vinaigrette sur la salade et mélanger légèrement pour enrober tous les légumes. Garnir avec les tranches d'œufs et servir immédiatement.

6 portions

La bonté est la seule valeur qui, dans ce monde d'apparences, peut se revendiquer comme une fin en soi.

W. Somerset Maugham

Salade grecque

Salade
1 scarole tendre
8 tomates prunes, coupées en fins quartiers sur la longueur
1 oignon rouge, en fines tranches
240 g (8 oz) de feta, en cubes
16 olives noires (Kalamata de préférence), dénoyautées
Quelques brins de persil plat frais, hachés finement

Vinaigrette
80 ml (1/3 tasse) d'huile d'olive extravierge
60 ml (1/4 tasse) de jus de citron frais pressé
Sel et poivre noir frais moulu

Couper la scarole en bouchées et la mettre dans un grand bol. Ajouter les tomates, les oignons, la feta, les olives, le persil et mélanger légèrement.

Dans une tasse ou un petit bol, mélanger tous les ingrédients qui composent la vinaigrette jusqu'à épaississement et verser sur la salade. Mélanger pour enrober tous les légumes et servir immédiatement.

6 à 8 portions

Salade composée

240 g (8 oz) de haricots verts très fins
12 radis, équeutés et fendus légèrement en quatre, plongés dans l'eau froide (ils s'ouvriront comme des fleurs)
3 carottes, pelées et émincées finement
1 petite chicorée frisée, séparée en feuilles coupées ensuite en deux
4 tomates mûres moyennes, en tranches
18 olives vertes ou noires, dénoyautées
250 ml (1 tasse) d'Aïoli (p. 244), préparé à l'avance et conservé au réfrigérateur jusqu'au moment de servir

Mettre de l'eau salée dans une casserole moyenne et porter à ébullition. Ajouter les haricots verts et cuire à découvert de 4 à 5 min. Égoutter, refroidir sous l'eau froide et égoutter de nouveau.

Au moment de servir, mélanger tous les ingrédients qui composent la salade. Garnir le tour de 6 assiettes de cette salade et mettre une généreuse portion d'aïoli au centre. Servir immédiatement.

6 portions

Salade de pommes de terre du Mont-Blanc

Salade

8 pommes de terre moyennes, pelées et coupées en cubes

4 œufs, cuits durs, écalés et hachés grossièrement

Vinaigrette

250 ml (1 tasse) de crème sure ou de crème fraîche légère

2 oignons verts, hachés finement

3 c. à soupe de persil plat frais, haché finement

3 c. à soupe d'estragon frais, haché finement

3 c. à soupe de menthe fraîche, hachée finement

60 ml (1/4 tasse) d'huile d'olive extravierge

1 c. à café (1 c. à thé) de jus de citron frais pressé

Sel et poivre noir frais moulu

Cuire les pommes de terre dans une grande casserole remplie d'eau bouillante salée jusqu'à ce qu'elles soient tendres. Ne pas trop cuire. Les cubes de pommes de terre doivent rester fermes. Égoutter, rincer à l'eau froide et secouer énergiquement la passoire pour retirer le maximum d'eau. Mettre les pommes de terre dans un grand bol. Ajouter les œufs et mélanger.

Mettre la crème sure dans un bol profond et ajouter le reste des ingrédients de la vinaigrette. Bien mélanger à l'aide d'un fouet ou d'un batteur à main. Rectifier l'assaisonnement. Mettre le mélange de pommes de terre dans la vinaigrette et mélanger pour bien enrober. Couvrir et réfrigérer au moins 2 h avant de servir. Servir froid.

4 à 6 portions

Salade de doliques à œil noir à la portugaise

J'ai goûté cette merveilleuse salade pour la première fois dans le village de Funchal sur l'île portugaise de Madère. Je reproduis ici la recette de mémoire.

Salade

480 g (1 lb) de doliques à œil noir, triés ou 425 g (15 oz) de doliques à œil noir en conserve, rincés et égouttés
6 pommes de terre moyennes, pelées et coupées en cubes
1 oignon Vidalia moyen, haché
3 gousses d'ail, émincées
15 g (1/2 tasse) de persil plat frais, haché

Vinaigrette

125 ml (1/2 tasse) d'huile d'olive extravierge
60 ml (1/4 tasse) de vinaigre de vin blanc
1 c. à café (1 c. à café) de thym ou d'origan séché, émietté
Sel de mer et poivre noir frais moulu, au goût

2 œufs, cuits durs, écalés et hachés finement

Si on utilise des doliques en conserve, passer à la prochaine étape. Couvrir généreusement les doliques d'eau et les laisser tremper de 3 à 4 h. Égoutter et mettre les doliques dans une grande casserole remplie d'eau et porter à ébullition. Réduire la chaleur à feu moyen et cuire environ 1 h, jusqu'à ce qu'ils soient tendres mais non pâteux. Égoutter, rincer à l'eau froide et égoutter de nouveau.

Pendant ce temps, cuire les cubes de pommes de terre 5 à 6 min dans une grande casserole remplie d'eau bouillante salée jusqu'à ce qu'elles soient fermes *(al dente)*. Égoutter, rincer à l'eau froide, égoutter de nouveau et mettre dans un grand bol en céramique. Ajouter les doliques, les oignons, l'ail et mélanger légèrement. Couvrir et réfrigérer quelques heures. Au moment de servir, ajouter le persil et mélanger de nouveau.

Dans une tasse ou un petit bol, mélanger tous les ingrédients qui composent la vinaigrette jusqu'à épaississement. Rectifier l'assaisonnement. Verser sur la salade et mélanger pour enrober tous les légumes. Garnir avec les œufs et servir immédiatement.

6 à 8 portions

Tomates farcies à la toscane

12 tomates moyennes mûres
250 g (1 tasse) de yogourt nature
60 g (1/4 tasse) de mayonnaise
1 petit concombre, pelé, épépiné et haché finement
1 c. à café (1 c. à café) de jus de citron frais pressé
1 petit oignon blanc ou rouge ou 2 échalotes, hachés finement
1 c. à soupe de persil frais, haché finement
1 c. à soupe de ciboulette fraîche, hachée finement
1 c. à soupe d'aneth frais, haché finement
Poivre noir frais moulu, au goût
1 laitue Boston, en feuilles séparées
Huile d'olive extravierge, au besoin

À l'aide d'un couteau bien affûté, retirer le pédoncule des tomates. Les évider avec une petite cuillère en prenant soin de ne pas endommager la peau. Les retourner pour bien les égoutter, environ 10 min. Conserver la pulpe des tomates pour faire une sauce.

Dans un grand bol, mélanger le yogourt et la mayonnaise. Ajouter les concombres, le jus de citron, les oignons, le persil, la ciboulette et l'aneth. Poivrer et bien mélanger le tout. Farcir délicatement les tomates avec le mélange yogourt et légumes.

Tapisser chaque assiette de 2 ou 3 feuilles de laitue. Verser quelques gouttes d'huile d'olive. Dresser 2 tomates farcies dans chaque assiette et servir.

6 portions

Brocolis, choux-fleurs et jicamas, vinaigrette au yogourt

Salade

1 brocoli moyen, divisé en bouquets de la grosseur d'une bouchée

1 chou-fleur, divisé en bouquets de la grosseur d'une bouchée

1/2 jicama, pelé et émincé grossièrement

1 concombre moyen, pelé, épépiné et coupé en cubes

2 c. à soupe de jus de citron frais pressé

Vinaigrette

250 g (1 tasse) de yogourt nature

1 échalote, coupée grossièrement

2 c. à café (2 c. à thé) d'aneth frais, haché finement

3 c. à soupe de persil plat frais, haché finement

30 g (1/4 tasse) de pistaches nature, écalées et grillées à sec dans une poêle à feu moyen jusqu'à ce qu'elles aient une couleur caramel, hachées grossièrement

Sel et poivre noir frais moulu

Dans une grande casserole remplie d'eau bouillante salée, cuire les bouquets de brocoli et de chou-fleur environ 2 min. Ne pas trop les cuire ; ils doivent être tendres et un peu croquants. Égoutter, rincer à l'eau froide et égoutter de nouveau. Mettre les brocolis et les choux-fleurs dans un grand bol. Ajouter le jicama, les concombres, le jus de citron et mélanger légèrement. Couvrir et réfrigérer pendant la préparation de la vinaigrette.

Mettre le yogourt dans une tasse à mesurer ou un petit bol. Ajouter le reste des ingrédients de la vinaigrette et mélanger énergiquement. Rectifier l'assaisonnement. Verser la vinaigrette sur la salade et mélanger pour enrober tous les légumes. Couvrir et réfrigérer 2 h avant de servir.

6 à 8 portions

Salade de choux, de pommes et d'ananas

Salade

1 petit chou vert ou rouge, sans le trognon, haché finement
2 pommes vertes, pelées, évidées, coupées en quartiers puis en fines tranches
240 g (8 oz) de morceaux d'ananas en conserve, égouttés (conserver 2 c. à soupe du jus égoutté pour la vinaigrette) et hachés grossièrement
1 petit oignon rouge, coupé en deux puis en demi-lunes très fines
45 g (1 1/2 oz) de raisins secs dorés
1 bulbe de fenouil, sans les tiges, haché finement
3 c. à soupe de jus de citron frais pressé

Vinaigrette

60 g (1/4 tasse) de mayonnaise
60 g (1/4 tasse) de yogourt nature ou de mayonnaise
2 c. à soupe de jus d'ananas réservé
1 c. à café (1 c. à thé) de sucre
Une pincée de poivre noir frais moulu, au goût

Dans un grand bol, mélanger tous les ingrédients qui composent la salade, sauf 2 c. à soupe de jus d'ananas, et mélanger légèrement. Couvrir et réfrigérer pendant la préparation de la vinaigrette.

Dans une tasse ou un petit bol, mélanger 2 c. à soupe de jus de d'ananas réservé et tous les ingrédients qui composent la vinaigrette jusqu'à ce qu'elle soit onctueuse. Verser dans la salade et mélanger pour enrober le tout. Couvrir et réfrigérer quelques heures avant de servir.

6 à 8 portions

Salade de betteraves miniatures, de pommes de terre et d'oignons

Un plat savoureux à n'importe quel moment de l'année, mais plus encore à la toute fin de l'été, quand les betteraves et les pommes de terre miniatures viennent tout juste d'être cueillies.

Salade

12 betteraves miniatures
12 patates rouges miniatures, pelées
16 oignons perlés, pelés

Vinaigrette

125 ml (1/2 tasse) d'huile d'olive extravierge
3 c. à soupe de vinaigre de vin blanc ou de vinaigre distillé
2 c. à café (2 c. à thé) de moutarde de Dijon, de Meaux ou autre
Sel et poivre noir frais moulu

6 c. à soupe d'aneth frais, haché finement

Parer les betteraves sans les peler. Cuire environ 30 min dans une grande casserole remplie d'eau bouillante salée jusqu'à ce qu'elles soient tendres. Égoutter et rincer à l'eau froide. Peler et réserver.

Dans deux autres grandes casseroles remplies d'eau bouillante, cuire les pommes de terre et les oignons séparément environ 15 min. Ne pas trop les cuire ; ils doivent rester fermes et entiers. Égoutter et laisser refroidir.

Au moment de servir, mettre les betteraves, les pommes de terre et les oignons dans un saladier profond.

Dans une tasse ou un petit bol, mélanger tous les ingrédients qui composent la vinaigrette jusqu'à épaississement. Verser sur les légumes et mélanger pour bien les enrober. Garnir d'aneth et servir immédiatement.

4 portions

Guacamole

3 gros avocats mûrs mais fermes
1 grosse tomate mûre, pelée, épépinée et hachée
1 oignon Vidalia moyen, en dés
1 petit poivron rouge, épépiné et coupé en dés
1 poivron vert, épépiné et coupé en dés
3 c. à soupe de coriandre fraîche, hachée finement
2 c. à soupe de crème sure ou de yogourt nature
2 c. à soupe de jus de citron frais pressé
Sel et poivre noir frais moulu

Peler, dénoyauter les avocats et les piler dans un bol profond. Ajouter les tomates, les oignons, les poivrons, la coriandre et bien mélanger. Ajouter la crème sure, le jus de citron, le sel et le poivre. Bien mélanger de nouveau.

Couvrir et réfrigérer au moins 3 h avant de servir.

4 portions

La vie doit être vécue en avant mais elle peut seulement être comprise en arrière.

Søren Kierkegaard

Salade de pois chiches

Salade

370 g (2 tasses) de pois chiches frais et cuits ou en conserve, rincés et égouttés
2 poivrons rouges moyens, épépinés et coupés en dés
1 oignon rouge moyen, émincé
2 branches de céleri, en fines tranches
1 petit concombre, pelé, épépiné et coupé en cubes

Vinaigrette

80 ml (1/3 tasse) d'huile d'olive extravierge
5 c. à café (5 c. à thé) de jus de citron frais pressé
Sel et poivre noir frais moulu

Coriandre fraîche, hachée (facultatif)

Mettre les pois chiches dans un saladier profond. Ajouter le reste des ingrédients de la salade, mélanger, couvrir et réfrigérer au moins 2 h.

Dans une tasse ou un petit bol, mélanger tous les ingrédients qui composent la vinaigrette jusqu'à épaississement. Verser sur la salade, ajouter la coriandre et mélanger pour bien enrober les légumes. Servir immédiatement.

4 à 6 portions

Salade de tomates et de persil

Salade
8 tomates mûres moyennes ou grosses, en fines tranches
1 petit oignon rouge, en fines tranches
Les feuilles d'une botte de persil plat frais
18 olives vertes, dénoyautées

Vinaigrette
6 c. à soupe d'huile extravierge
2 c. à soupe de vinaigre balsamique
Sel et poivre noir frais moulu

2 œufs, cuits durs, écalés et hachés

Mettre les tomates, les oignons, le persil et les olives dans un grand bol.

Dans une tasse ou un petit bol, mélanger tous les ingrédients qui composent la vinaigrette jusqu'à épaississement, verser sur la salade et mélanger légèrement pour enrober tous les légumes. Partager la salade dans 6 assiettes. Garnir avec les œufs et servir immédiatement.

6 portions

Salade de haricots et de tomates

Salade
240 g (8 oz) de haricots à rames (ou haricots romains), équeutés
6 tomates mûres moyennes, en tranches
1 oignon rouge moyen, en fines tranches

Vinaigrette
125 ml (1/2 tasse) d'huile d'olive
60 ml (1/4 tasse) de vinaigre de vin rouge
Sel et poivre noir frais moulu

Basilic frais, haché

Dans une grande casserole remplie d'eau bouillante salée, cuire les haricots environ 4 à 5 min, jusqu'à ce qu'ils soient tendres et légèrement croquants. Égoutter, rincer à l'eau froide et égoutter de nouveau. Partager les haricots dans 6 assiettes en les disposant d'un seul côté. Disposer les tomates de l'autre côté. Disperser les oignons sur les tomates.

Dans une tasse ou un petit bol, mélanger tous les ingrédients qui composent la vinaigrette jusqu'à épaississement. Ajouter de l'huile et du vinaigre au besoin. Verser la vinaigrette sur la salade. Garnir de basilic et servir immédiatement.

6 portions

Salade savoyarde

Salade

1 petit chou, sans le trognon, coupé en très fines tranches

4 carottes moyennes, pelées et coupées en julienne

4 échalotes, hachées finement

2 pommes acidulées, pelées, évidées et coupées en cubes

60 ml (1/4 tasse) de vinaigre de vin blanc ou de vinaigre de cidre

2 c. à café (2 c. à thé) de sucre

Vinaigrette

250 g (1 tasse) de yogourt nature

80 g (1/3 tasse) de mayonnaise légère

2 c. à café (2 c. à thé) de cerfeuil frais, haché

Sel et poivre noir frais moulu

Mettre tous les ingrédients qui composent la salade dans un grand bol. Bien mélanger, couvrir le bol avec du papier d'aluminium ou un couvercle et réfrigérer au moins 3 h.

Dans une tasse ou un petit bol, mélanger tous les ingrédients qui composent la vinaigrette jusqu'à ce qu'elle soit onctueuse et verser dans la salade. Bien mélanger pour enrober tous les légumes. Servir immédiatement ou réfrigérer jusqu'à 4 h avant de servir.

6 à 8 portions

Salade de macaronis saint Basile

Saint Basile le grand est né à Césarée de Cappadoce, en Asie mineure, dans une famille chrétienne de l'ancienne noblesse. Profondément touché par l'exemple des premiers moines chrétiens, il s'est établi près de Pontus, dans la même péninsule où il a vécu en compagnie des moines pendant quelques années. Sa règle monastique est suivie encore aujourd'hui par des moines d'Orient et d'Occident. Sa fête est célébrée le 2 janvier.

Salade
360 g (12 oz) de macaronis
300 g (10 oz) de petits pois congelés
1 poivron jaune moyen ou gros
1 poivron rouge moyen ou gros
1 oignon rouge moyen ou gros, haché
2 cornichons, en fines tranches
2 œufs, cuits durs, écalés et hachés grossièrement
2 c. à soupe de câpres, égouttées

Vinaigrette
125 ml (1/2 tasse) d'Aïoli (p. 244)
1 c. à soupe de moutarde de Dijon, de Meaux ou autre
1 c. à soupe de jus de citron frais pressé
Sel et poivre fraîchement moulu

Préchauffer le four à 200 °C (400 °F) ou l'élément du haut à *broil*. Dans une grande casserole remplie d'eau bouillante salée, cuire les macaronis *al dente*. Ne pas trop les cuire. Égoutter, rincer à l'eau froide, égoutter de nouveau et les mettre dans un saladier profond.

Dans une casserole moyenne remplie d'eau bouillante salée, cuire les petits pois environ 3 min, jusqu'à ce qu'ils soient tendres ; ne pas trop les cuire. Égoutter et mettre dans le saladier.

Faire griller les poivrons au four jusqu'à ce que la peau soit noircie sur toutes les faces en prenant soin de les retourner à quelques reprises. Au terme de la cuisson, mettre les poivrons dans un sac de papier, refermer et laisser reposer quelques minutes. Sortir les poivrons délicatement du sac, retirer la peau, laver sous l'eau froide pour éliminer les impuretés. Les assécher avec du papier absorbant. Si ce n'est pas déjà fait, retirer les tiges et les pépins, les couper en deux puis en lanières et les mettre dans le saladier. Ajouter les oignons, les cornichons, les œufs et les câpres.

À l'aide d'un fouet, mélanger tous les ingrédients qui composent la vinaigrette. Rectifier l'assaisonnement au besoin. Réfrigérer au moins 3 h avant de servir.

4 à 6 portions

Salade sainte Hildegarde

Sainte Hildegarde, une femme remarquable pour ses visions et sa sagesse, est l'une des femmes les plus célèbres du Moyen-Âge. Elle a abondamment écrit sur de nombreux sujets, qu'il s'agisse de traités sur les Évangiles ou sur les sciences naturelles. Elle a fondé une abbaye bénédictine sur les rives du Rhin, aujourd'hui réputée pour la qualité du vin que les moniales y produisent. On la fête le 17 septembre.

240 g (8 oz) d'endives
240 g (8 oz) de fromage suisse, en cubes
30 g (1/3 tasse) d'oignons verts, hachés

Vinaigrette
80 g (1/3 tasse) de Mayonnaise maison (p. 243) ou du commerce
60 ml (1/4 tasse) de crème épaisse (facultatif)
1 c. à café (1 c. à thé) de moutarde de Dijon
2 c. à café (2 c. à thé) de jus de citron frais pressé
1 c. à café (1 c. à thé) de vermouth blanc sec

Séparer les endives en feuilles et les couper en morceaux de 2,5 cm (1 po). Mettre les endives dans un bol et ajouter le fromage et les oignons verts.

Mettre tous les ingrédients qui composent la vinaigrette dans un bol moyen. Si on utilise la crème, fouetter le mélange à l'aide d'un batteur à main jusqu'à l'obtention de pics mous. Verser dans la salade et bien mélanger pour enrober le tout. Réfrigérer environ 1 h avant de servir. Servir froid.

6 portions

Salade saint Michel

La fête des archanges Michel, Raphaël et Gabriel est célébrée le 29 septembre. Cette salade est particulièrement appréciée pendant l'été indien alors qu'on procède à la toute dernière récolte des tomates.

4 grosses tomates mûres mais fermes
1 oignon rouge moyen, en fines tranches
Sel et poivre noir frais moulu
16 olives vertes, dénoyautées
4 tranches de mozzarella d'environ 6 mm (1/4 po) d'épaisseur
Une poignée de feuilles de basilic frais, hachées grossièrement
Huile d'olive extravierge, au goût

Retirer les pédoncules des tomates et les couper en tranches de 1,25 cm (1/2 po). Disposer les tomates en cercle dans 4 assiettes à salade. Parsemer d'oignons. Saler et poivrer. Dans chaque assiette, ajouter 4 olives et 1 tranche de mozzarella au centre. Garnir de basilic. Verser un filet d'huile d'olive et servir immédiatement.

4 portions

Salade de saumon fumé aux petits fruits

1 laitue romaine moyenne, en bouchées
240 g (8 oz) de saumon fumé en tranches, en lanières de 6 mm (1/4 po) de largeur
180 g (1 1/2 tasse) de petits fruits variés (bleuets, mûres et framboises, etc.)
2 oranges, pelées, épépinées, coupées en rondelles puis en quartiers
3 oignons verts, en fines tranches

Vinaigrette
155 ml (1/2 tasse + 2 c. à soupe) d'huile d'olive extravierge
60 ml (1/4 tasse) de jus de citron frais pressé
1 c. à soupe de vinaigre de vin blanc
2 c. à café (2 c. à thé) de moutarde au miel
Sel et poivre fraîchement moulu

Mettre la laitue dans un grand saladier. Ajouter le saumon, les petits fruits, les oranges, les oignons verts et bien mélanger.

Dans unc tasse ou un petit bol, mélanger tous les ingrédients qui composent la vinaigrette jusqu'à épaississement. Verser sur la salade et bien mélanger pour enrober le tout. Servir immédiatement.

4 à 6 portions

Salade de pommes et de tangerines

Vous aimerez cette salade rafraîchissante que vous servirez très froide pendant les chaudes journées d'été.

Salade

3 pommes vertes, pelées, évidées et coupées en fines tranches

3 tangerines, pelées, épépinées et séparées en quartiers

1 concombre moyen, pelé, épépiné et coupé en dés

30 g (1/4 tasse) de pacanes, hachées

Vinaigrette

250 g (1 tasse) de yogourt nature

2 c. à soupe d'huile d'olive

2 c. à café (2 c. à thé) de jus de citron vert frais pressé

1 c. à café (1 c. à thé) de paprika

1 c. à café (1 c. à thé) de moutarde sèche

1 c. à café (1 c. à thé) de sucre

Une pincée de poivre blanc, au goût

1 laitue Boston, en feuilles séparées

Mettre les pommes, les tangerines et les concombres dans un grand bol. Ajouter les pacanes et mélanger. Réfrigérer au moins 1 h avant de servir.

À l'aide d'un mélangeur, mixer tous les ingrédients qui composent la vinaigrette jusqu'à ce qu'elle soit onctueuse. Au moment de servir, verser la vinaigrette sur la salade et bien mélanger. Tapisser 6 assiettes de 2 ou 3 feuilles de laitue et mettre une portion de salade au centre.

6 portions

Relish aux fruits

Préparez cette salade comme dessert léger tandis que les fruits sont à leur meilleur.

Salade

1 melon mûr, épépiné (retirer la pulpe de l'écorce et couper en petits cubes)
4 pêches mûres, pelées, dénoyautées et hachées grossièrement
120 g (1 tasse) de framboises
200 g (1 tasse) de raisins verts, dénoyautés
60 g (1/2 tasse) de noix de coco râpée (sucrée ou non)

Vinaigrette

125 ml (1/2 tasse) de jus d'orange frais pressé
3 c. à soupe de jus de citron frais pressé
60 ml (1/4 tasse) de miel
2 c. à soupe de liqueur de pêche ou de framboise
2 c. à soupe de confiture de pêche

Dans un grand bol en verre, mélanger tous les ingrédients qui composent la salade. Réserver.

À l'aide d'un mélangeur, mixer tous les ingrédients de la vinaigrette jusqu'à ce qu'elle soit onctueuse. Verser sur les fruits et bien mélanger pour enrober le tout. Réfrigérer de 2 à 3 h et servir froid.

6 à 8 portions

Salade de fruits au camembert

Servez toujours cette divine salade comme dessert. Vous pouvez remplacer le camembert par du brie.

Salade
12 fraises fraîches, équeutées et coupées en deux
180 g (1 1/2 tasse) de framboises fraîches
180 g (1 1/2 tasse) de bleuets frais, équeutés
4 poires moyennes, pelées, coupées en quatre et épépinées
2 c. à soupe de jus de citron frais pressé
2 c. à café (2 c. à thé) de sucre

Vinaigrette
125 ml (1/2 tasse) de vin blanc sec
3 c. à soupe de miel
2 c. à soupe de jus de citron frais
2 c. à soupe de sucre (ou plus de miel)

Un morceau de camembert d'environ 360 g (12 oz) à température ambiante, coupé en 6 pointes

Mettre tous les fruits dans un grand saladier en verre. Ajouter le jus de citron, le sucre et bien mélanger. Couvrir et réfrigérer 1 h.

À l'aide d'un mélangeur, mixer tous les ingrédients de la vinaigrette jusqu'à ce qu'elle soit onctueuse. Verser sur la salade et réfrigérer 1 h de plus.

Au moment de servir, partager la salade dans 6 assiettes. Mettre les fruits d'un côté et le camembert de l'autre. Servir la salade froide et le fromage à température ambiante.

6 portions

Octobre

Salade de pois chiches à l'espagnole

Vinaigrette

80 ml (1/3 tasse) d'huile d'olive extravierge (espagnole de préférence)
5 c. à soupe de jus de citron frais pressé
2 gousses d'ail, émincées
Sel et poivre noir frais moulu

Salade

400 g (2 tasses) de pois chiches secs, rincés, triés et, si le temps le permet, trempés à couvert toute une nuit dans un bol d'eau ou 370 g (2 tasses) de pois chiches en conserve
6 tomates prunes, épépinées et hachées finement
1 oignon rouge moyen, haché finement
1 concombre moyen, pelé, épépiné et coupé en dés
12 olives vertes ou noires, dénoyautées et hachées grossièrement
1 poivron vert moyen, épépiné et coupé en dés

Quelques brins de persil plat frais, hachés finement

Dans une tasse ou un petit bol, mélanger tous les ingrédients qui composent la vinaigrette jusqu'à épaississement. Laisser reposer 1 h pour libérer l'arôme de l'ail.

Si on utilise des pois chiches secs, les cuire dans une casserole remplie d'eau bouillante salée de 30 à 40 min, jusqu'à ce qu'ils soient tendres. Égoutter et rincer à l'eau froide. Remuer la passoire énergiquement pour retirer le maximum d'eau puis les mettre dans un grand saladier. Si on préfère les pois chiches en conserve, les égoutter et bien les rincer à l'eau froide pour se débarrasser du goût métallique.

Ajouter les tomates, les oignons, les concombres, les olives, les poivrons et mélanger légèrement.

Au moment de servir, verser la vinaigrette sur la salade et mélanger pour enrober tous les légumes. Garnir de persil et servir immédiatement.

6 à 8 portions

Salade croquante de couscous

Vous pouvez préparer cette salade la veille ou quelques heures avant de la servir. Vous serez enchanté de la partager avec vos amis.

Salade
625 ml (2 1/2 tasses) d'eau
Une pincée de sel
175 g (1 tasse) de couscous
70 g (1/2 tasse) de petits pois frais dans leur cosse et congelés
40 g (1/3 tasse) de noix, hachées
40 g (1/3 tasse) de pacanes, hachées
90 g (1/2 tasse) de raisins secs
1 oignon rouge moyen, haché
2 concombres moyens, pelés, épépinés et coupés en cubes
Quelques brins de menthe fraîche, hachés finement

Vinaigrette
250 g (1 tasse) de yogourt nature
2 c. à café (2 c. à thé) de sirop d'érable pur
2 c. à soupe de jus de citron frais pressé
1 c. à soupe de moutarde de Dijon, de Meaux ou autre
1/2 c. à café (1/2 c. à thé) de gingembre moulu
1/2 c. à café (1/2 c. à thé) de cumin moulu
1/3 c. à café (1/3 c. à thé) de cannelle moulue
Une pincée de poivre de Cayenne
Sel, au goût

1 laitue frisée rouge, en feuilles séparées

Dans une casserole moyenne, porter l'eau à ébullition. Ajouter le sel, le couscous et les petits pois. Quand le tout recommence à bouillir, mélanger sans cesse de 3 à 4 min. Retirer du feu, couvrir et laisser reposer de 15 à 20 min, jusqu'à ce que le couscous ait absorbé tout le liquide.

Mettre le couscous et les petits pois dans un saladier profond. Ajouter les noix, les pacanes, les raisins, les oignons, les concombres, la menthe et mélanger légèrement.

Dans une tasse ou un petit bol, mélanger tous les ingrédients qui composent la vinaigrette jusqu'à ce qu'elle soit onctueuse. Verser sur la salade et mélanger pour enrober le tout. Réfrigérer quelques heures.

Au moment de servir, tapisser une grande assiette de laitue et étendre le couscous sur le dessus. Servir immédiatement.

8 portions

Salade croquante au fromage bleu

Cette salade est toute désignée pour servir de préambule à un somptueux dessert.

1 laitue feuilles de chêne, en feuilles séparées
1 botte de roquette, équeutée
1 endive moyenne, en feuilles séparées et coupées en deux sur la longueur
1 oignon rouge moyen, en fines tranches
2 avocats mûrs mais fermes, pelés, dénoyautés et coupés en cubes
2 c. à café (2 c. à thé) de jus de citron frais pressé
125 ml (1/2 tasse) de Vinaigrette au roquefort (p. 244), préparée à l'avance

Couper les feuilles de laitue en bouchées et les mettre dans un grand saladier. Ajouter la roquette, les endives, les oignons et mélanger légèrement.

Mettre les cubes d'avocat dans un petit bol et les asperger de jus de citron. Mettre dans le saladier et mélanger de nouveau.

Au moment de servir, verser la vinaigrette sur la salade et bien mélanger pour enrober tous les légumes. Servir immédiatement.

6 à 8 portions

Salade de haricots verts et de tomates

Profitez de la toute dernière récolte de tomates et de haricots verts pour confectionner ce plat qui servira d'accompagnement aux mets composés d'œufs ou de poisson froid.

Salade

240 g (8 oz) de haricots verts très fins, équeutés
Une pincée de sel
2 c. à café (2 c. à thé) de jus de citron frais pressé
6 tomates prunes, épépinées et hachées grossièrement
1 oignon rouge moyen, haché finement
Les feuilles d'une botte de persil plat frais ou de coriandre, hachées finement
3 c. à soupe d'huile d'olive extravierge
Une pincée de poivre fraîchement moulu

Vinaigrette

6 c. à soupe d'huile d'olive extravierge
3 c. à soupe de jus de citron frais pressé
Quelques gouttes de tabasco
Sel et poivre noir frais moulu

Mettre les haricots, le sel et le jus de citron dans une grande casserole remplie d'eau bouillante et cuire de 3 à 4 min jusqu'à ce qu'ils soient tendres mais légèrement croquants. Égoutter, rincer à l'eau froide et égoutter de nouveau. Partager les haricots dans 6 assiettes.

Mettre les tomates hachées dans un bol profond. Ajouter les oignons, le persil, l'huile d'olive, une pincée de sel, le poivre et mélanger. Disposer harmonieusement le mélange de tomates sur les haricots au centre de chaque assiette.

Dans une tasse ou un petit bol, mettre tous les ingrédients qui composent la vinaigrette et fouetter jusqu'à épaississement. Verser sur les haricots et servir immédiatement.

6 portions

Salade ambrée

Salade

1 petit chou rouge
4 betteraves moyennes, cuites dans l'eau bouillante salée à couvert jusqu'à ce qu'elles soient tendres, rincées, pelées et coupées en fines tranches
1 oignon rouge moyen, en fines tranches
2 oranges, pelées, sans les filaments blancs, coupées en 8 quartiers
120 g (1 tasse) d'olives noires, dénoyautées et égouttées

Vinaigrette

5 c. à soupe d'huile d'olive extravierge
5 c. à soupe d'huile de noisette
5 c. à soupe de vinaigre de vin rouge
2 c. à café (2 c. à thé) de miel
1/2 c. à café (1/2 c. à thé) de moutarde de Dijon
Sel et poivre noir frais moulu

Aneth ou cerfeuil frais, haché

Couper le chou en quatre et retirer le trognon. Couper chaque quartier en tranches fines comme du papier. Mettre le chou dans un grand saladier. Ajouter les betteraves, les oignons, les oranges, les olives et mélanger.

Dans une tasse ou un petit bol, mettre tous les ingrédients qui composent la vinaigrette et fouetter jusqu'à épaississement. Verser sur la salade et bien mélanger pour enrober le tout. Réfrigérer environ 1 h.

Avant de servir, partager la salade dans 6 ou 8 assiettes. Garnir d'aneth et servir immédiatement.

6 à 8 portions

Ce qui n'est pas utile à l'essaim n'est pas utile à l'abeille.

Marc Aurèle

Salade de fenouil

Le fenouil étant recommandé pour la digestion, je vous propose de servir cette salade après le plat principal.

Salade

2 bulbes de fenouil, sans les tiges
1 petite chicorée, en feuilles séparées
3 tomates prunes, en quartiers
2 oignons verts, hachés finement
1 petit concombre, pelé, épépiné et coupé en cubes
4 brins de persil plat frais, hachés finement

Vinaigrette

80 ml (1/3 tasse) d'huile d'olive extravierge
60 ml (1/4 tasse) de vinaigre balsamique
Sel et poivre noir frais moulu

Dans une casserole moyenne remplie d'eau bouillante salée, cuire le fenouil de 3 à 4 min. Égoutter et rincer à l'eau froide. Couper les bulbes en tranches et laisser refroidir au réfrigérateur 1 h.

Au moment de servir, mettre le fenouil dans un grand saladier. Ajouter la chicorée, les tomates, les oignons verts, les concombres, le persil et mélanger légèrement.

Dans une tasse ou un petit bol, mettre tous les ingrédients qui composent la vinaigrette, fouetter jusqu'à épaississement et verser sur la salade. Mélanger légèrement pour enrober tous les légumes et servir immédiatement.

6 à 8 portions

Salade de betteraves au roquefort

Cette entrée raffinée fera le bonheur de vos invités en tout temps, mais plus encore en été et en automne quand les betteraves regorgent de fraîcheur.

Salade

6 betteraves moyennes
2 pommes vertes
1 c. à café (1 c. à thé) de jus de citron frais pressé
1 botte de cresson, équeutée
1 endive, en feuilles séparées, coupées sur la longueur en lanière de 2,5 cm (1 po)

Vinaigrette

125 ml (1/2 tasse) de crème sure ou de crème fraîche légère
60 g (1/2 tasse) de roquefort, émietté
2 échalotes, hachées grossièrement
3 c. à soupe de jus de citron frais pressé
2 c. à soupe d'huile d'olive extravierge
Sel et poivre noir frais moulu

Ciboulette fraîche, hachée finement

Dans une grande casserole remplie d'eau bouillante salée, cuire les betteraves 5 min. Égoutter, rincer à l'eau froide et égoutter de nouveau. Peler et couper en petits bâtonnets.

Peler et évider les pommes puis les couper en petits bâtonnets. Les mettre dans un grand saladier avec le jus de citron, les betteraves, mélanger et réfrigérer jusqu'au moment de servir.

Mettre le cresson et les endives dans un autre bol.

Au moment de servir, verser la vinaigrette dans les 2 bols et bien mélanger pour enrober le tout. Couvrir la moitié d'une assiette du mélange betteraves et pommes puis l'autre moitié du mélange cresson et endives. Garnir de ciboulette et servir immédiatement.

4 à 6 portions

Salade de fruits et de légumes à la russe

- 4 grosses pommes de terre, pelées et coupées en cubes
- 2 carottes moyennes, pelées et coupées en cubes
- 140 g (1 tasse) de petits pois congelés
- 1 branche de céleri, en fines tranches
- 1 cornichon à l'aneth ou autre, en cubes
- 2 pommes moyennes, pelées, évidées et coupées en cubes
- 1 poire, pelée, évidée et coupée en cubes
- 2 oignons verts, partie blanche seulement, hachés finement
- 3 c. à soupe de jus de citron frais pressé
- 2 c. à café (2 c. à thé) de sucre
- 125 g (1/2 tasse) de Mayonnaise maison (p. 243) ou du commerce
- 1 laitue Boston

Cuire séparément, dans l'eau bouillante salée, les pommes de terre (de 4 à 5 min), les carottes (5 min) et les petits pois (environ 3 min). Quand tous ces légumes sont tendres, rincer à l'eau froide et égoutter. Mettre les légumes bien égouttés dans un saladier profond.

Ajouter le céleri, les cornichons, les pommes, les poires et les oignons verts, verser le jus de citron et saupoudrer le sucre. Bien mélanger. Mettre la mayonnaise sur la salade et mélanger de nouveau pour enrober le tout.

Refroidir la salade quelques heures. Au moment de servir, couvrir une grande assiette de feuilles de laitue. Répartir la salade sur la laitue et servir froid.

6 portions

Salade d'avocat et de cresson

Quel bonheur de partager cette salade très originale au moment de la récolte des échalotes. Une idée de choix pour le repas du midi ou le brunch.

Salade

4 petits avocats mûrs mais fermes, pelés, dénoyautés et coupés en tranches sur la longueur
1 grosse botte de cresson, équeutée
2 échalotes, émincées
6 petits cornichons, en fines tranches

Vinaigrette

5 c. à soupe d'huile de noisette
3 c. à soupe de jus de citron frais pressé
Une pincée de paprika
Sel et poivre noir frais moulu

Dans un grand bol, mélanger tous les ingrédients qui composent la salade.

Dans une tasse ou un petit bol, mettre tous les ingrédients de la vinaigrette et fouetter jusqu'à épaississement. Au moment de servir, verser la vinaigrette sur la salade et bien mélanger pour enrober tous les légumes. Servir immédiatement.

4 portions

Salade de bulghur aux tomates cerises

190 g (1 tasse) de bulghur
480 g (1 lb) de tomates cerises, coupées en deux
1 oignon rouge moyen, haché
1 concombre moyen, pelé, épépiné et coupé en cubes
15 g (1/2 tasse) de persil plat frais, haché finement
7 g (1/4 tasse) de menthe fraîche, hachée
80 ml (1/3 tasse) d'huile d'olive extravierge
5 c. à soupe de jus de citron frais pressé
Sel et poivre noir frais moulu

Mettre le bulghur dans une casserole moyenne remplie à moitié d'eau froide. Laisser reposer quelques heures, jusqu'au moment de l'utiliser. Au moment de préparer la salade, à l'aide d'une passoire, égoutter le bulghur, rincer à l'eau froide et égoutter de nouveau pour éliminer le plus d'eau possible.

Dans un saladier profond, mettre les tomates, les oignons et les concombres.

Dans un autre bol, mélanger le bulghur, le persil, la menthe, l'huile d'olive et le jus de citron, le sel et le poivre. Mettre ce mélange dans le grand saladier et mélanger le tout. On peut réfrigérer cette salade et la servir fraîche en été ou à température ambiante pendant les mois d'automne.

6 portions

Salade de pennes

N'hésitez pas à servir ce plat froid ou à température ambiante.

Salade

240 g (8 oz) de pennes
1 concombre moyen, pelé, coupé en deux sur la longueur et coupé en fines tranches de biais
1 poivron rouge moyen, épépiné et coupé en dés
12 olives vertes, dénoyautées
3 échalotes, en fines tranches
2 brins de persil frais, hachés finement

Vinaigrette

3 c. à soupe d'huile d'olive extravierge
2 c. à soupe de vinaigre de vin rouge
Une pincée de cumin moulu
Sel et poivre noir frais moulu

Cuire les pennes dans une casserole remplie d'eau bouillante salée jusqu'à ce qu'ils soient *al dente*. Ne pas trop les cuire. Égoutter, rincer à l'eau froide et égoutter de nouveau en secouant énergiquement la passoire. Mettre les pâtes dans un grand bol, ajouter les concombres, les poivrons, les olives et les échalotes. Au moment de servir, ajouter le persil.

Dans une tasse ou un petit bol, mélanger tous les ingrédients qui composent la vinaigrette. Rectifier l'assaisonnement. Verser sur la salade et mélanger légèrement pour enrober tous les légumes. Laisser reposer de 10 à 15 min et servir.

4 à 6 portions

Salade de rigatonis et de brocolis

Salade

480 g (1 lb) de rigatonis, macaronis ou autres
240 g (8 oz) de brocoli, divisé en bouquets
1 poivron rouge moyen, épépiné et coupé en dés
240 g (8 oz) d'olives noires dans la saumure, égouttées et dénoyautées
40 g (1/2 tasse) d'oignons verts, parties blanche et vert tendre, hachés finement
120 g (4 oz) de mozzarella, coupée en petits morceaux

Vinaigrette

5 c. à soupe d'huile d'olive extravierge
2 c. à café (2 c. à thé) de jus de citron frais pressé
2 c. à café (2 c. à thé) de vinaigre de cidre ou autre
Une pincée de moutarde sèche
Sel et poivre noir frais moulu

Cuire les pâtes dans une casserole remplie d'eau bouillante salée jusqu'à ce qu'elles soient *al dente*. Ne pas trop les cuire. Égoutter, rincer à l'eau froide et égoutter de nouveau en remuant énergiquement la passoire. Mettre les pâtes dans un grand bol.

Pendant la cuisson des pâtes, cuire les brocolis à la vapeur jusqu'à ce qu'ils soient tendres et légèrement croquants, environ 5 min. Égoutter et ajouter à la salade ainsi que tous les autres ingrédients de la salade.

Dans une tasse ou un petit bol, mélanger tous les ingrédients qui composent la vinaigrette. Rectifier l'assaisonnement. Verser sur la salade et mélanger légèrement pour enrober tous les légumes. Servir froid ou à température ambiante.

6 à 8 portions

Le ciel est autant sous nos pieds qu'au-dessus de notre tête.

HENRY DAVID THOREAU

Salade d'orecchiettes, de roquette et de radicchio

Salade

480 g (1 lb) d'orecchiettes
1 botte de roquette, équeutée
1 petite chicorée de Trévise (radicchio), séparée en feuilles et coupées en lanières fines
200 g (1 tasse) de tomates cerises
1 oignon rouge moyen, en fines tranches
30 g (1/3 tasse) d'olives niçoises ou autres, égouttées et dénoyautées

Vinaigrette

3 c. à soupe + 1 c. à café (1 c. à thé) d'huile d'olive extravierge
1 c. à soupe + 1 c. à café (1 c. à thé) de vinaigre balsamique
1 c. à café (1 c. à thé) de jus de citron frais pressé
Sel et poivre noir frais moulu
120 g (1 tasse) de parmesan, râpé (facultatif)

Cuire les orecchiettes dans une casserole remplie d'eau bouillante salée jusqu'à ce qu'elles soient *al dente*. Ne pas trop les cuire. Égoutter, rincer à l'eau froide et égoutter de nouveau en secouant énergiquement la passoire. Mettre les pâtes dans un grand bol. Ajouter la roquette, la trévise, les tomates, les oignons et les olives.

Mettre l'huile d'olive, le vinaigre, le jus de citron, le sel, le poivre dans un petit bol et mélanger jusqu'à ce que le tout épaississe. Au moment de servir, verser la vinaigrette sur la salade et mélanger pour bien enrober tous les légumes. Ajouter le parmesan et mélanger de nouveau. Servir à température ambiante.

6 à 8 portions

Salade landaise

Le foie gras est une spécialité de la région des Landes, dans le Sud-Ouest de la France. Si vous préférez faire une salade végétarienne, remplacez-le par du fromage.

Salade
720 g (1 1/2 lb) de haricots verts très fins, équeutés
30 g (1 tasse) de croûtons
3 échalotes, émincées
240 g (8 oz) de fromage suisse ou autre, en dés
300 g (10 oz) de foie gras cuit, en dés (facultatif)

Vinaigrette
125 ml (1/2 tasse) d'huile d'olive extravierge
6 c. à soupe de vinaigre d'estragon
Sel et poivre noir frais moulu

Les feuilles d'une botte d'estragon frais, émincées

Dans une grande casserole remplie d'eau bouillante salée, cuire les haricots environ 6 à 7 min, jusqu'à ce qu'ils soient tendres. Les haricots doivent être tendres et légèrement croquants. Égoutter, rincer à l'eau froide et égoutter de nouveau en remuant énergiquement la passoire. Mettre les haricots dans un bol. Ajouter les croûtons, les échalotes, le fromage et mélanger légèrement. Au moment de servir, mettre le foie gras sur la salade.

Dans une tasse ou un petit bol, mélanger tous les ingrédients qui composent la vinaigrette jusqu'à épaississement et verser sur la salade. Laisser reposer un moment, garnir d'estragon et servir immédiatement.

6 portions

Salade de carottes aux olives noires

Voici une salade santé rafraîchissante qui vous comblera à n'importe quel moment de l'année.

Salade

12 carottes moyennes, pelées et coupées en julienne

4 petites échalotes, émincées

4 olives noires, dénoyautées et coupées en deux

5 brins de persil italien, hachés finement

Mayonnaise légère

1 jaune d'œuf, très frais

250 g (1 tasse) de yogourt nature léger

1 c. à café (1 c. à thé) de moutarde de Dijon, de Meaux ou autre

2 c. à soupe de jus de citron frais pressé

2 c. à soupe d'huile d'olive extravierge

Sel et poivre noir frais moulu

Dans un grand bol, mélanger les carottes, les échalotes, les olives et le persil.

Dans un bol profond, mélanger tous les ingrédients qui composent la vinaigrette. À l'aide d'un batteur à main, mixer la mayonnaise jusqu'à ce qu'elle épaississe. Verser sur la salade et mélanger pour enrober tous les légumes. Réfrigérer quelques heures et servir.

6 à 8 portions

Salade de pommes de terre saint Siméon

Saint Siméon était décrit dans les Saintes Écritures comme un vieillard respectable qui a eu l'insigne privilège de recueillir le fils de Dieu dans ses bras. Servez cette salade froide ou à température ambiante comme mets d'accompagnement avec le saumon ou tout autre poisson.

720 g (1 1/2 lb) de pommes de terre, cuites dans l'eau bouillante jusqu'à ce qu'elles soient tendres, égouttées, pelées et coupées en dés
4 œufs, cuits durs, écalés et hachés grossièrement
6 petites tomates mûres, épépinées et coupées en quatre
1 petit oignon rouge, coupé en deux puis en demi-lunes
60 g (1/2 tasse) d'olives noires, égouttées et coupées en deux
60 g (1/4 tasse) de câpres, égouttées

Vinaigrette
80 ml (1/3 tasse) d'huile d'olive extravierge ou plus au besoin
60 ml (1/4 tasse) de vinaigre de vin rouge ou plus au besoin
1 c. à soupe de moutarde de Dijon
Sel et poivre noir frais moulu

Les feuilles d'une petite botte de cerfeuil ou de persil, hachées finement

Mettre les pommes de terre, les œufs, les tomates, les oignons, les olives et les câpres dans un grand saladier.

Dans une tasse ou un petit bol, mettre tous les ingrédients qui composent la vinaigrette et fouetter jusqu'à épaississement. Ajouter de l'huile et du vinaigre au besoin. Verser sur la salade et bien mélanger pour enrober tous les légumes. Rectifier l'assaisonnement, garnir de cerfeuil et servir immédiatement.

6 à 8 portions

Salade saint François

François, un humble frère d'Assise, était amoureux de Dieu et de toute sa création. Il était un faiseur de paix et il a transmis à ses disciples les enseignements de paix et de non-violence prêchés par les Évangiles. On le fête le 4 octobre.

Salade

4 betteraves moyennes
6 pommes de terre moyennes, pelées
6 endives, séparées en feuilles
1 oignon moyen, haché finement

Vinaigrette

6 c. à soupe d'huile d'olive extravierge
2 c. à café (2 c. à thé) de vinaigre de vin rouge ou blanc
1 c. à soupe de moutarde de Dijon, de Meaux ou autre
1 c. à café (1 c. à thé) de sel
1/2 c. à café (1/2 c. à thé) de poivre noir frais moulu

Fines herbes mélangées (estragon, persil, cerfeuil et ciboulette), hachées finement

Dans deux grandes casseroles, cuire les betteraves et les pommes de terre séparément dans l'eau bouillante salée, jusqu'à ce qu'elles soient tendres à la pointe d'une fourchette. Égoutter, rincer à l'eau froide et égoutter de nouveau. Peler les betteraves puis les couper, ainsi que les pommes de terre, en lanières fines comme des frites. Mettre les légumes dans un saladier. Couper les feuilles d'endives en biais et les mettre dans la salade. Ajouter les oignons.

Dans une tasse ou un petit bol, mettre tous les ingrédients qui composent la vinaigrette et fouetter jusqu'à épaississement, verser sur la salade, garnir de fines herbes et bien mélanger pour enrober tous les légumes. Servir immédiatement.

4 portions

Salade arc-en-ciel

Salade

2 melons sucrés mûrs, épépinés, la chair retirée de la pelure et coupée en bouchées
200 g (1 tasse) de raisins verts sans pépins
2 pommes rouges, pelées, évidées et coupées en quartiers
2 avocats mûrs mais fermes, pelés, dénoyautés, et coupés en morceaux
1 carotte, pelée, râpée ou émincée finement
2 c. à soupe de jus de citron frais pressé
120 g (1 tasse) de gorgonzola doux (*dolce*), émietté

Vinaigrette

80 ml (1/3 tasse) de crème épaisse ou plus au besoin
1 c. à café (1 c. à thé) de moutarde sèche
1 c. à café (1 c. à thé) de sucre
Une pincée de sel
Une pincée de poivre blanc

Dans un grand bol, mélanger les melons, les raisins, les pommes, les avocats, les carottes et le jus de citron. Couvrir et réfrigérer environ 1 h. Au moment de servir, ajouter le gorgonzola et mélanger légèrement.

Dans une tasse ou un petit bol, mélanger tous les ingrédients qui composent la vinaigrette jusqu'à ce qu'elle soit onctueuse puis rectifier l'assaisonnement. Verser sur la salade et bien mélanger pour enrober le tout et servir immédiatement.

6 à 8 portions

La salade ressemble à une auberge espagnole. Elle accepte tout le monde et tout ce qu'elle est capable de contenir.

MARIE-THÉRÈSE CARRERAS

Salade tutti frutti

Même si cette salade peut être servie en entrée, elle est meilleure au dessert. Préparez-la quand les marchés abondent de fruits frais.

Salade

1 ananas, pelé, sans le trognon, coupé en petites bouchées
1 papaye mûre, pelée, épépinée et coupée en dés
2 pommes rouges, pelées, évidées et coupées en fines tranches
8 fraises fraîches, équeutées et coupées en deux
2 bananes mûres mais fermes, pelées et coupées en rondelles

Vinaigrette

6 c. à soupe de jus d'orange
5 c. à soupe de jus de citron frais pressé
5 c. à soupe de miel
2 c. à soupe de xérès sec
1/2 c. à café (1/2 c. à thé) de gingembre moulu

Quelques feuilles de menthe fraîche, hachées finement

Mettre tous les ingrédients qui composent la salade dans un grand bol en verre et bien mélanger. Couvrir et réfrigérer au moins 2 h avant de servir.

Mettre tous les ingrédients de la vinaigrette dans un mélangeur et mixer jusqu'à ce qu'elle soit onctueuse. Au moment de servir, verser la vinaigrette sur la salade et bien mélanger pour enrober les fruits. Garnir de menthe et servir immédiatement.

6 à 8 portions

Le règne végétal ne présente à la nutrition ni moins de variétés ni moins de ressources.

ANTHELME BRILLAT-SAVARIN

Salade de légumes en feuilles aux kakis

120 g (1 tasse) de noix
1 botte de feuilles de pissenlit, équeutée
1 botte de roquette, équeutée
2 endives, en feuilles séparées
1 petite chicorée frisée
1 petit oignon rouge, en fines tranches
2 kakis, pelés et coupés aux deux extrémités
40 g (1/3 tasse) de fromage bleu, émietté

Vinaigrette
60 ml (1/4 tasse) de crème moitié moitié (facultatif)
80 ml (1/3 tasse) d'huile d'olive extravierge
3 c. à soupe de vinaigre balsamique
Sel et poivre noir frais moulu

Préchauffer le four à 180 °C (350 °F). Étendre les noix sur une plaque à pâtisserie et faire dorer de 6 à 8 min. Retirer du four et laisser refroidir dans un bol. Hacher grossièrement et réserver.

Mettre tous les légumes en feuilles dans un grand bol. Couper la frisée en petites bouchées. Ajouter les oignons.

Couper les kakis en tranches puis en fines lanières. Ajouter à la salade ainsi que le fromage et les noix. Bien mélanger.

Dans une tasse ou un petit bol, mettre tous les ingrédients qui composent la vinaigrette et fouetter jusqu'à épaississement. Au moment de servir, verser sur la salade. Rectifier l'assaisonnement. Mélanger pour enrober tous les légumes. Servir immédiatement.

6 à 8 portions

Dieu donne de la nourriture à chaque oiseau, mais il ne la jette pas dans le nid.

Proverbe monténégrin

Novembre

Salade belge minute

Salade

1 pomme acidulée ferme, non pelée, coupée en deux, évidée et coupée en tranches fines
2 grosses endives, en feuilles séparées, coupées en deux sur la longueur
1 botte de cresson, équeutée

Vinaigrette

6 c. à soupe d'huile d'olive extravierge
3 c. à soupe de vinaigre de cidre
2 c. à soupe de miel
1 c. à café (1 c. à thé) de moutarde de Dijon
1 petite échalote, émincée
Sel et poivre noir frais moulu

30 g (1/4 tasse) de fromage bleu doux, émietté

Dans un grand saladier, mélanger les pommes, les endives et le cresson.

Dans une tasse ou un petit bol, mettre tous les ingrédients qui composent la vinaigrette et fouetter jusqu'à épaississement. Au moment de servir, verser la vinaigrette sur la salade et bien mélanger avec les mains. Partager la salade dans 4 assiettes et garnir chaque portion de fromage. Servir immédiatement.

4 portions

Salade mexicaine

Salade

260 g (2 tasses) de riz blanc à grains longs, cuit
2 carottes, pelées, coupées en cubes, cuites dans l'eau bouillante salée jusqu'à ce qu'elles soient tendres et égouttées
1 oignon rouge moyen, en dés
240 g (8 oz) de maïs à grains entiers en conserve, rincé sous l'eau froide et égoutté
1 poivron jaune, épépiné, et coupé sur la longueur en lanières
1 cornichon moyen, en cubes
Quelques brins de coriandre, hachés finement

Vinaigrette

80 ml (1/3 tasse) d'huile d'olive extravierge
5 c. à soupe de jus de citron frais pressé
Une pincée de cumin moulu
Sel et poivre noir frais moulu

1 laitue au choix, en feuilles séparées

Mettre tous les ingrédients qui composent la salade dans un grand bol. Mélanger légèrement, couvrir et réfrigérer environ 2 h.

Dans une tasse ou un petit bol, mettre tous les ingrédients qui composent la vinaigrette et fouetter jusqu'à épaississement. Verser sur la salade et bien mélanger pour enrober tous les légumes. Rectifier l'assaisonnement. Servir la salade froide sur un lit de laitue.

6 à 8 portions

Expérimenter, c'est imaginer.

FRIEDRICH NIETZSCHE

Salade new-yorkaise

Cette salade simple permet d'entamer joyeusement un repas raffiné et convivial. On peut aussi l'offrir après le mets principal.

Salade

4 betteraves moyennes, pelées et coupées en cubes
480 g (1 lb) de laitues mélangées
1 petit oignon, haché finement
60 g (1/2 tasse) de pacanes, hachées grossièrement
120 g (1 tasse) de fromage de chèvre, émietté
3 brins de persil plat frais, hachés finement

Vinaigrette

80 ml (1/3 tasse) d'huile d'olive extravierge
60 ml (1/4 tasse) de vinaigre balsamique
2 c. à café (2 c. à thé) de moutarde de Dijon
Sel et poivre noir frais moulu

Dans une grande casserole remplie d'eau bouillante salée, cuire les betteraves environ 5 min, jusqu'à ce qu'elles soient tendres. Égoutter, rincer à l'eau froide et égoutter de nouveau. Réserver.

Couper la laitue en bouchées et la mettre dans un grand bol. Ajouter les betteraves et les oignons.

Dans une poêle à sec, faire griller les pacanes en remuant environ 6 min, puis les mettre dans la salade. Ajouter le fromage, le persil et bien mélanger.

Dans une tasse ou un petit bol, mettre tous les ingrédients qui composent la vinaigrette et fouetter jusqu'à épaississement. Rectifier l'assaisonnement. Au moment de servir, verser la vinaigrette sur la salade et bien mélanger pour enrober tous les légumes. Servir immédiatement.

6 à 8 portions

Fais ce qui est bon et cherche la paix en toutes choses.

JEAN DE LA CROIX

Salade de lentilles et de riz à la méditerranéenne

625 ml (2 1/2 tasses) d'eau
190 g (1 tasse) de riz blanc à grains longs
1 c. à soupe d'huile d'olive
Sel de mer
200 g (1 tasse) de lentilles sèches, triées et rincées
200 g (1 tasse) de tomates cerises
1 concombre moyen, pelé, coupé en quatre sur la longueur, épépiné et coupé en cubes
1 oignon moyen, haché finement
60 g (1/2 tasse) d'olives noires, dénoyautées, égouttées et hachées grossièrement

Vinaigrette
125 ml (1/2 tasse) d'huile d'olive extravierge
3 c. à soupe de vinaigre de vin rouge
2 c. à soupe de jus de citron frais pressé
1 c. à café (1 c. à thé) de sucre
1 c. à café (1 c. à thé) de moutarde de Dijon
1/2 c. à café (1/2 c. à thé) de thym séché
Sel et poivre noir frais moulu

50 g (1/2 tasse) de feta, émiettée

Dans une casserole moyenne, porter l'eau à ébullition, ajouter le riz, l'huile d'olive et une pincée de sel de mer. Réduire la chaleur à moyen-doux, couvrir et poursuivre la cuisson jusqu'à ce que le riz ait absorbé tout le liquide. Quand le riz est cuit, retirer du feu et laisser refroidir.

Pendant ce temps, remplir une casserole moyenne d'eau, porter à ébullition à feu moyen-élevé, ajouter 1/4 c. à café (1/4 c. à thé) de sel de mer et cuire les lentilles environ 20 min, jusqu'à ce qu'elles soient tendres. Égoutter, rincer à l'eau froide, égoutter de nouveau et mettre dans un grand saladier. Ajouter le riz, les tomates, les concombres, les oignons, les olives et bien mélanger.

Mettre tous les ingrédients de la vinaigrette dans un mélangeur et mixer jusqu'à consistance uniforme. Rectifier l'assaisonnement. Verser la vinaigrette sur la salade et mélanger pour enrober tous les légumes. Réfrigérer la salade pendant 2 h.

Au moment de servir, garnir de feta et servir immédiatement.

6 à 8 portions

Rémoulade de betteraves du monastère

Salade

6 betteraves moyennes, pelées et coupées en julienne

1 petit oignon, en julienne

60 ml (1/4 tasse) de jus de citron frais pressé

Sauce rémoulade

1 jaune d'œuf très frais

2 c. à soupe de moutarde de Dijon, de Meaux ou autre

125 ml (1/2 tasse) d'huile d'olive extravierge

1 c. à soupe de vinaigre d'estragon

Sel et poivre noir frais moulu

Cerfeuil ou aneth frais, haché

Dans une grande casserole remplie d'eau bouillante, cuire les betteraves et les oignons environ 5 min, jusqu'à ce qu'ils soient tendres. Égoutter, rincer à l'eau froide et égoutter de nouveau. Mettre les betteraves dans un bol profond, ajouter le jus de citron, bien mélanger et réfrigérer quelques heures.

Dans un bol profond et à l'aide d'un batteur à main, mélanger le jaune d'œuf et la moutarde. Ajouter graduellement l'huile. Ajouter le vinaigre, saler, poivrer et continuer de mixer jusqu'à consistance onctueuse. Couvrir et réfrigérer jusqu'au moment de servir.

Au moment de servir, mélanger les betteraves, les oignons et la sauce. Garnir de cerfeuil et servir froid en entrée.

4 portions

Le pardon est la vengeance la plus noble.

HENRY G. BOHN

Salade de macaronis et de haricots verts

Salade

360 g (12 oz) de macaronis

240 g (8 oz) de haricots, équeutés et coupés en deux

1 oignon rouge moyen, en fines tranches

12 tomates cerises miniatures, coupées en deux

60 g (1/2 tasse) d'olives noires dans la saumure, égouttées, dénoyautées et hachées

Quelques feuilles fraîches de basilic, hachées finement

Quelques brins de persil plat frais, hachés finement

Vinaigrette

5 c. à soupe d'huile d'olive extravierge

2 c. à café (2 c. à thé) de vinaigre d'estragon ou autre

1 c. à café (1 c. à thé) de jus de citron frais pressé

Sel de mer et poivre noir frais moulu, au goût

Dans une grande casserole remplie d'eau bouillante salée, cuire les macaronis *al dente*. Égoutter, rincer à l'eau froide et égoutter de nouveau en secouant énergiquement la passoire, puis mettre dans un grand saladier.

Pendant la cuisson des macaronis, dans une autre grande casserole remplie d'eau bouillante salée, cuire les haricots environ 5 min, jusqu'à ce qu'ils soient tendres et légèrement croquants. Égoutter, rincer à l'eau froide et égoutter de nouveau. Mettre les haricots dans le bol de pâtes et ajouter les oignons, les tomates, les olives et les fines herbes fraîches.

Dans une tasse ou un petit bol, mettre tous les ingrédients qui composent la vinaigrette et fouetter jusqu'à épaississement. Verser la vinaigrette sur la salade et bien mélanger pour enrober le tout. Servir à température ambiante ou réfrigérer 1 h si on la préfère froide.

4 à 6 portions

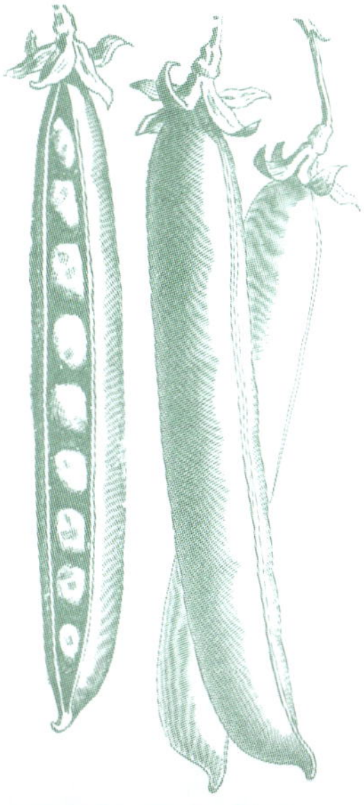

Entrée de saumon fumé aux pommes

Comme son nom l'indique, cette salade est idéale pour commencer un repas. Si vous préférez la viande au poisson, remplacez le saumon par du jambon fumé, de Bayonne, de Parme ou de Serrano.

Salade

240 g (8 oz) de mâche ou de cresson, équeuté
3 pommes acidulées, pelées, évidées et coupées en fines tranches
8 longues lanières de saumon fumé
1 citron
16 pacanes, hachées grossièrement

Vinaigrette

7 c. à soupe d'huile d'olive extravierge
2 c. à soupe de jus de citron frais pressé
1/2 c. à café (1/2 c. à thé) de moutarde de Dijon
Sel et poivre noir frais moulu

Mettre la mâche dans un grand bol.

Partager les tranches de pommes dans 4 assiettes. Ajouter 2 lanières de saumon fumé sur chaque portion. Couper le citron et asperger les pommes et le saumon de jus.

Dans une poêle à sec, faire griller les pacanes en remuant environ 4 à 5 min, jusqu'à ce que l'on sente l'odeur des pacanes grillées. Retirer du feu et réserver.

Dans une tasse ou un petit bol, mettre tous les ingrédients qui composent la vinaigrette et fouetter jusqu'à épaississement. Rectifier l'assaisonnement. Verser la moitié de la vinaigrette sur la mâche et mélanger pour bien l'enrober. Verser l'autre moitié de la vinaigrette sur chaque portion de saumon et de pommes. Mettre un peu de mâche dans chaque assiette et garnir de pacanes grillées. Servir immédiatement.

4 portions

Salade auvergnate

On sert habituellement cette salade lors des rassemblements amicaux ou familiaux. Je vous suggère aussi de l'offrir comme plat principal pour le lunch ou le brunch.

Salade

1 petite scarole tendre, les grandes feuilles coupées en deux
4 œufs, cuits durs, écalés et coupés en quatre sur la longueur
120 g (1 tasse) de bleu d'Auvergne ou autre fromage bleu, émietté
120 g (1 tasse) de cantal ou de fromage suisse, en dés
25 g (3/4 tasse) de croûtons
Quelques lanières de jambon d'Auvergne, de Parme, de prosciutto, ou de jambon Serrano (facultatif)

Vinaigrette

80 ml (1/3 tasse) d'huile de noisette ou d'huile d'olive extravierge
5 c. à soupe de vinaigre d'estragon
2 c. à café (2 c. à thé) de moutarde de Dijon, de Meaux ou autre
Sel et poivre noir frais moulu

1 botte de ciboulette fraîche, hachée finement

Tapisser une grande assiette ovale de scarole. Disposer les tranches d'œufs autour de l'assiette. Parsemer de fromage bleu. Procéder de même pour le cantal et les croûtons. Décorer le tout de lanières de jambon.

À l'aide d'un mélangeur, mixer tous les ingrédients de la vinaigrette quelques secondes. Verser sur la salade, garnir de ciboulette et servir.

4 à 6 portions

Salade bourguignonne

Cette salade est un repas en soi, mais vous l'apprécierez également si vous n'avez pas beaucoup de temps à l'heure du lunch. Cette recette est originaire de Nièvre, en Bourgogne.

240 g (8 oz) de jeunes pousses d'épinards
360 g (2 tasses) de bouquets de chou-fleur, cuits dans l'eau bouillante salée 5 min et égouttés
1 petit oignon rouge, coupé en deux puis en demi-lunes très fines
2 œufs, cuits durs, écalés et hachés grossièrement
1 endive, coupée en bouchées
Environ 180 g (1 tasse) de jambon, en dés (facultatif)

Vinaigrette
80 ml (1/3 tasse) d'huile d'olive extravierge
3 c. à soupe de jus de citron frais pressé
1 c. à soupe de moutarde de Dijon
Une pincée de noix de muscade
Sel et poivre noir frais moulu

1 petite botte de ciboulette, hachée finement

Dans un grand bol, bien mélanger tous les ingrédients qui composent la salade.

Dans une tasse ou un petit bol, mettre tous les ingrédients de la vinaigrette et fouetter jusqu'à épaississement. Verser sur la salade et bien mélanger pour enrober tous les légumes. Garnir de ciboulette et servir immédiatement.

6 portions

Ce que nous donnons au pauvre pour l'amour du Christ est ce que nous apportons avec nous au moment de notre mort.

PETER MAURIN

Salade poitevine

Cette salade colorée et succulente du Poitou est un choix tout désigné pour les occasions spéciales.

Vinaigrette

80 g (2/3 tasse) de noisettes
80 ml (1/3 tasse) d'huile d'olive extravierge
3 c. à soupe de Vinaigre aromatisé aux framboises (p. 241) ou autre
Sel et poivre noir fraîchement, au goût

Salade

480 g (1 lb) de jeunes pousses d'épinards
1 poivron rouge moyen, épépiné et coupé en petits dés
1 poivron jaune moyen, épépiné et coupé en petits dés
2 échalotes, émincées
6 champignons blancs, en fines tranches

Préchauffer le four à 150 °C (300 °F). Sur une plaque à pâtisserie, faire dorer les noisettes. Sortir du four, laisser refroidir puis retirer la peau. Hacher grossièrement les noisettes et les mettre dans une tasse ou un petit bol. Ajouter tous les autres ingrédients de la vinaigrette et bien mélanger. Laisser reposer jusqu'au moment de servir.

Mettre tous les ingrédients qui composent la salade dans un grand bol et mélanger légèrement. Au moment de servir, verser la vinaigrette sur la salade et bien mélanger pour enrober tous les légumes. Servir à température ambiante.

4 à 6 portions

Salade campagnarde

Une recette paysanne qui plaira certainement à ceux qui ont plusieurs invités pendant le week-end. Si vous n'êtes pas végétarien, vous aurez peut-être envie d'ajouter des dés de jambon ou des lamelles de prosciutto pour composer un repas complet en protéines.

Salade

1 brocoli moyen, divisé en bouquets
1 chou-fleur moyen, divisé en bouquets
6 champignons blancs, en fines tranches
2 c. à soupe de jus de citron frais pressé
16 tomates cerises
8 radis, équeutés et coupé en fines tranches
4 oignons verts, en fines tranches
140 g (1 tasse) de fromage suisse ou autre, en dés

Vinaigrette

125 ml (1/2 tasse) d'huile d'olive extravierge
60 ml (1/4 tasse) de vinaigre de xérès
1 c. à soupe de sauce Worcestershire
1 gousse d'ail, émincée
Sel et poivre noir frais moulu

Dans un bain-marie, cuire les brocolis et les choux-fleurs à couvert, environ 15 min, jusqu'à ce qu'ils soient tendres. Ou les cuire dans une grande casserole remplie d'eau bouillante salée environ 5 min. Éponger avec du papier absorbant et les mettre dans un grand bol.

Dans un petit bol, mélanger les champignons et le jus de citron puis transvaser dans le saladier. Ajouter les tomates, les radis, les oignons verts et bien mélanger. Au moment de servir, ajouter le fromage.

Dans une tasse ou un petit bol, mettre tous les ingrédients qui composent la vinaigrette et fouetter jusqu'à épaississement. À la dernière minute, verser la vinaigrette sur la salade et bien mélanger pour enrober le tout. Servir immédiatement.

6 à 8 portions

En chacun de nous existe un autre être que nous ne connaissons pas.

GEORGE ELIOT

Salade saint André

Saint André était le frère de saint Pierre. Il a été le premier disciple appelé par le Christ. On commémore sa mémoire le 30 novembre. Servez cette salade en entrée de préférence, mais vous pouvez la transformer en plat principal pour le repas du midi ou le brunch.

Salade

1 grosse botte d'épinards, équeutée
130 g (3 1/2 oz) de thon en conserve, égoutté et haché grossièrement
8 champignons blancs, en fines tranches
1 avocat moyen ou gros, mûr mais ferme, pelé, dénoyauté et coupé en tranches

Vinaigrette française de luxe

80 ml (1/3 tasse) d'huile d'olive extravierge
60 ml (1/4 tasse) de jus de citron frais pressé
1 c. à soupe de sauce chili
1 c. à café (1 c. à thé) de moutarde de Dijon
1 c. à café (1 c. à thé) de sauce au raifort
1 gousse d'ail, émincée
1/2 c. à café (1/2 c. à thé) de paprika
Sel et poivre noir frais moulu

1 œuf, cuit dur, écalé et haché grossièrement

Mettre les épinards dans un grand saladier. Ajouter le thon, les champignons, les avocats et mélanger légèrement.

À l'aide d'un mélangeur, mixer tous les ingrédients de la vinaigrette et verser sur la salade. Bien mélanger pour enrober tous les légumes. Garnir avec les œufs et servir immédiatement.

4 portions

Habit de Vinaigrié

Salade de choux-fleurs sainte Cécile

Cécile, ou Cecilia, était une noble Romaine qui a payé de sa vie sa fidélité au Christ. Elle est la patronne des musiciens et sa fête est le 22 novembre. Servez cette salade en entrée quand les tomates sont parfaitement mûres et succulentes.

Salade

1 gros ou 2 petits choux-fleurs
6 tomates moyennes mûres, pelées et coupées en dés
1 oignon rouge moyen, coupé en deux puis en demi-lunes très fines

Vinaigrette

60 ml (1/4 tasse) d'huile d'olive extravierge
3 c. à soupe d'huile de noix
3 c. à soupe de jus de citron frais pressé
Sel et poivre noir frais moulu

1 laitue Boston, en feuilles séparées

Laisser reposer le chou-fleur dans un contenant rempli d'eau froide pendant 1 h. Diviser délicatement en bouquets et couper en fines tranches la partie supérieure de la tige. Rejeter la partie la plus coriace. Mettre les choux-fleurs dans une casserole. Couvrir d'eau froide salée, porter à ébullition à feu moyen et cuire de 6 à 7 min, jusqu'à ce qu'ils soient tendres. Égoutter et rincer à l'eau froide pour conserver la fraîcheur et la couleur. Ou cuire les choux-fleurs au bain-marie, à couvert, environ 15 min puis rincer à l'eau froide. Égoutter et réserver.

Au moment de servir, mélanger les choux-fleurs, les tomates et les oignons dans un bol profond.

Dans une tasse ou un petit bol, mettre tous les ingrédients qui composent la vinaigrette et fouetter jusqu'à épaississement. Verser sur la salade et bien mélanger pour enrober tous les légumes. Tapisser chaque assiette de 3 ou 4 feuilles de laitue et garnir de salade. Servir immédiatement.

4 à 6 portions

Salade saint Martin

Saint Martin de Tours a été profondément inspiré par la vie de saint Antoine, père du monachisme. Il a pris l'habit à Ligugé, près de Poitiers. Quelques années plus tard, alors évêque de Tours, il a contribué à faire connaître l'idéal monastique dans son diocèse et dans toute la France. Il est l'un des saints français les plus populaires et on le fête le 11 novembre.

Salade

1 gros avocat mûr mais ferme
2 endives, en feuilles séparées
1 botte de cresson, équeutée
1 grosse carotte, pelée et râpée ou émincée finement
30 g (1/2 tasse) de champignons, en fines tranches (facultatif)

Vinaigrette

6 c. à soupe d'huile d'olive extravierge
2 c. à soupe de vinaigre de vin (à l'estragon de préférence)
Une pincée de moutarde sèche
Sel et poivre noir frais moulu

Peler, dénoyauter et couper l'avocat en morceaux. Mettre le tout dans un grand bol avec les endives, le cresson, les carottes et les champignons.

Dans une tasse ou un petit bol, mettre tous les ingrédients qui composent la vinaigrette et fouetter jusqu'à épaississement. Verser sur la salade et mélanger légèrement pour enrober le tout. Servir immédiatement.

4 portions

Salade de poires et de cresson

Salade

100 g (1 tasse) de pacanes, coupées en deux
1 grosse botte de cresson, équeutée
3 poires fermes, pelées, épépinées et coupées en tranches sur la longueur
1 petite chicorée frisée, en petites bouchées
60 g (1/2 tasse) de gorgonzola ou autre, émietté

Vinaigrette

80 ml (1/3 tasse) d'huile d'olive extravierge ou plus au besoin
4 c. à café (4 c. à thé) de jus de citron frais pressé
1/2 c. à café (1/2 c. à thé) de gingembre moulu ou de gingembre frais, râpé
Sel et poivre noir frais moulu

Préchauffer le four à 180 °C (350 °F). Sur une plaque à pâtisserie, étendre les pacanes et les faire griller de 6 à 8 min, jusqu'à ce qu'elles soient légèrement dorées et qu'elles embaument l'air ambiant. Retirer du four et laisser refroidir.

Dans un grand saladier, mélanger légèrement le cresson, les poires, la chicorée frisée, les pacanes refroidies et le fromage.

Dans une tasse ou un petit bol, mélanger tous les ingrédients qui composent la vinaigrette. Verser sur la salade et bien mélanger pour enrober le tout. Servir immédiatement.

4 à 6 portions

Décembre

Salade de champignons à la grecque

125 ml (1/2 tasse) d'huile d'olive grecque extravierge ou autre
60 ml (1/4 tasse) de vinaigre de vin blanc
2 c. à soupe de pâte de tomates
480 g (1 lb) de petits champignons blancs
16 oignons miniatures blancs, pelés
1 bulbe de fenouil, sans les tiges, coupé en quatre, puis sur la longueur en tranches fines comme du papier
1/2 c. à café (1/2 c. à thé) d'origan séché
1/2 c. à café (1/2 c. à thé) de thym séché
1/2 c. à café (1/2 c. à thé) d'ail en poudre
Sel et poivre noir frais moulu

Dans une grande casserole, chauffer l'huile à feu moyen-doux. Ajouter le vinaigre et la pâte de tomates. Mélanger pour dissoudre complètement.

Ajouter les champignons, les oignons, le fenouil et remuer sans cesse. Ajouter l'origan, le thym, l'ail, le sel et le poivre. Réduire la chaleur à feu doux et cuire de 12 à 15 min, jusqu'à ce que les légumes soient tendres. Mélanger de temps à autre pour éviter que les légumes collent au fond de la casserole.

Retirer du feu et laisser refroidir. Transvaser le tout dans un bol et réfrigérer environ 3 h avant de servir. Servir froid.

6 à 8 portions

Je mange pour vivre, pour servir et parfois par plaisir, mais je ne mange jamais par amour du plaisir.

MAHATMA GANDHI

Salade de tofu aux fines herbes

Vous serez surpris par cette salade légère et nutritive qui plaira autant comme entrée que comme suite au mets principal.

Salade

1 petite laitue Boston, en bouchées
1 petite endive, en bouchées
30 g (1 tasse) de fines herbes mélangées (ciboulette, persil, cerfeuil, aneth ou menthe)
300 g (10 oz) de tofu ferme, rincé et égoutté et coupé en petits cubes ou émietté
2 échalotes, émincées

Vinaigrette

6 c. à soupe d'huile d'olive extravierge
6 c. à soupe d'huile de noix
60 ml (1/4 tasse) de vinaigre de xérès
1 c. à café (1 c. à thé) de jus de citron frais pressé
Sel et poivre noir frais moulu

Mettre la laitue, les endives et les fines herbes fraîches dans un grand saladier. Ajouter les cubes de tofu, les échalotes et mélanger.

Dans une tasse ou un petit bol, mettre tous les ingrédients qui composent la vinaigrette et fouetter jusqu'à épaississement. Rectifier l'assaisonnement. Verser la vinaigrette sur la salade et bien mélanger pour enrober le tout. Servir immédiatement.

6 portions

Salade rouge

Une idée fort appréciable pour rafraîchir le palais après le repas principal, tout juste avant d'entamer le dessert…

Salade

1 laitue feuilles de chêne
1 trévise (radicchio), en bouchées
1/2 petit chou rouge, sans le trognon, émincé finement
1 oignon rouge moyen, coupé en deux puis en fines demi-lunes
3 tangerines ou clémentines, pelées, sans pépins et séparées en quartiers
1 petit poivron rouge, épépiné et coupé sur la longueur en lanières fines

Vinaigrette

60 ml (1/4 tasse) d'huile de noix
3 c. à soupe d'huile d'olive extravierge
3 c. à soupe de vinaigre de vin rouge
Une pincée de moutarde sèche
Une pincée de sucre
Sel et poivre noir fraîchement moulu, au goût

Mettre la laitue dans un grand bol. Ajouter la trévise, le chou, les oignons, les tangerines, les poivrons et mélanger légèrement.

Dans une tasse ou un petit bol, mettre tous les ingrédients qui composent la vinaigrette et fouetter jusqu'à épaississement. Verser en filet sur la salade et bien mélanger pour enrober le tout. Servir immédiatement.

6 à 8 portions

Salade d'oignons rôtis

Une entrée étonnante et originale à servir uniquement à ceux qui aiment les oignons. Je vous propose aussi cette salade comme accompagnement pour le poisson ou la volaille. Ajoutez des tranches de tomate cerise et quelques olives dans chaque plat individuel pour l'agrémenter d'une belle touche de couleurs.

Salade

480 g (1 lb) d'oignons sucrés moyens (Vidalias de préférence)

Vinaigrette

125 ml (1/2 tasse) d'huile d'olive

60 ml (1/4 tasse) de vinaigre de xérès ou autre

1 c. à soupe de moutarde de Dijon, de Meaux ou autre

1 laitue Boston ou autre

Préchauffer le four à 180 °C (350 °F). Mettre les oignons entiers, avec la peau, sur une plaque à pâtisserie et cuire 30 min. Retirer du four et laisser refroidir. À l'aide de la pointe d'un couteau bien affûté, peler l'oignon en prenant soin de laisser la chair intacte. Couper en deux sur la longueur.

Dans une tasse ou un petit bol, mettre tous les ingrédients qui composent la vinaigrette et fouetter jusqu'à épaississement.

Tapisser chaque assiette de 3 feuilles de laitue et garnir de 3 ou 4 moitiés d'oignons. Verser la vinaigrette sur chaque portion et servir.

4 à 6 portions

Le commencement est la moitié du tout.

PLATON

Salade de haricots sud-américaine
(Ensalada Sudamericana)

5 pommes de terre rouges moyennes, pelées et coupées en cubes
450 g (3 tasses) de petits haricots blancs frais et cuits ou en conserve, rincés et égouttés
6 cornichons, en fines tranches
1 oignon blanc moyen, haché
1 poivron rouge moyen, épépiné et coupé en dés

Vinaigrette
125 ml (1/2 tasse) d'huile d'olive extravierge
60 ml (1/4 tasse) de vinaigre de vin rouge
Une pincée de paprika
Sel et poivre noir frais moulu

2 œufs, cuits durs, écalés et hachés grossièrement

Cuire les pommes de terre dans une casserole remplie d'eau bouillante salée jusqu'à ce qu'elles soient tendres. Égoutter et rincer à l'eau froide. Mélanger les pommes de terre et tous les autres ingrédients de la salade dans un grand bol et réfrigérer au moins 2 h.

Dans une tasse ou un petit bol, mettre tous les ingrédients qui composent la vinaigrette et fouetter jusqu'à épaississement. Verser sur la salade et bien mélanger pour enrober tous les légumes. Garnir avec les œufs et servir immédiatement.

6 portions

Salade de lentilles à l'indienne

Cette recette ne plaira pas à tout le monde, mais ceux qui ont un faible pour les épices indiennes en redemanderont !

370 g (2 tasses) de petites lentilles sèches (françaises de préférence)
1 long concombre fin, pelé, épépiné et coupé en cubes
2 branches de céleri, coupées en deux sur la longueur puis en fines tranches de biais
1 oignon moyen, haché finement

Vinaigrette
6 c. à soupe d'huile végétale ou d'huile d'olive extravierge
3 c. soupe de jus de citron frais pressé
1 gousse d'ail, émincée
2 c. à café (2 c. à thé) de cari
1/2 c. à café (1/2 c. à thé) de cumin moulu
1/3 c. à café (1/3 c. à thé) d'assaisonnement au chili
Sel et poivre noir frais moulu

Coriandre fraîche, hachée

Mettre les lentilles dans une grande casserole remplie d'eau salée et porter à ébullition. Réduire la chaleur à feu moyen et laisser mijoter environ 30 min. Égoutter et rincer à l'eau froide. Remuer énergiquement la passoire pour retirer le maximum d'eau et mettre les lentilles dans un grand saladier. Ajouter les concombres, le céleri, les oignons et bien mélanger.

Dans une tasse ou un petit bol, mettre tous les ingrédients qui composent la vinaigrette et fouetter jusqu'à épaississement et dissolution des épices. Rectifier l'assaisonnement. Verser la vinaigrette sur la salade et bien mélanger pour enrober tous les légumes. Couvrir et réfrigérer quelques heures.

Au moment de servir, garnir de coriandre.

6 portions

Salade de poivrons rôtis à la piémontaise
(Insalata Piedmontese)

Une belle entrée pour le repas du midi ou du soir.

Salade

3 gros poivrons rouges
3 gros poivrons jaunes
2 échalotes, hachées grossièrement
12 olives vertes, dénoyautées et coupées en tranches
140 g (1 tasse) de fontina, en dés
60 g (1/4 tasse) de câpres, égouttées
Une poignée de persil plat frais, haché

Vinaigrette

155 ml (1/2 tasse + 2 c. à soupe) d'huile d'olive extravierge
2 c. à soupe de vinaigre de vin rouge
2 c. à soupe de jus de citron frais pressé
1 c. à café (1 c. à thé) de moutarde de Dijon, de Meaux ou autre
2 c. à soupe de miel
Sel et poivre noir frais moulu

Préchauffer le four à 200 °C (400 °F) ou préchauffer le gril. Mettre les poivrons sur une plaque à pâtisserie et les faire rôtir ou griller pendant 20 min, en les retournant de temps en temps pour qu'ils noircissent sur toutes les faces. Au terme de la cuisson, les mettre dans un sac de papier brun fermé et attendre qu'ils refroidissent. Sortir délicatement les poivrons refroidis du sac, retirer la peau, les laver sous l'eau froide pour éliminer toutes les impuretés. Bien éponger avec du papier absorbant. Si ce n'est pas déjà fait, retirer la tige et épépiner. Couper en fines tranches sur la longueur et les mettre dans un saladier profond. Ajouter les échalotes, les olives, le fromage, les câpres, le persil et bien mélanger.

Au moment de servir, à l'aide d'un mélangeur, combiner tous les ingrédients de la vinaigrette jusqu'à ce qu'elle soit onctueuse. Verser sur la salade et bien mélanger pour enrober tous les légumes. Partager le tout dans les assiettes à salade et servir à température ambiante.

4 à 6 portions

Salade de cœurs d'artichauts
(Insalata di Carciofi)

Cette salade aura un effet spectaculaire si vous la servez en entrée lors d'un repas gastronomique.

Salade
6 artichauts moyens
Une pincée de sel
3 c. à soupe de jus de citron frais pressé
1 chicorée de Trévise (radicchio), en lanières

Vinaigrette
125 ml (1/2 tasse) d'huile d'olive extravierge
6 c. à soupe de jus de citron frais pressé
1 gousse d'ail, émincée
Sel et poivre noir frais moulu

Quelques brins de persil plat frais, haché finement
6 œufs, cuits durs, écalés et coupés en deux sur la longueur

Parer les artichauts, c'est-à-dire, après avoir retiré la tige, retirer les feuilles à la base, à l'aide d'un couteau bien affûté, couper les feuilles autour du fond ainsi que la base qui retenait la tige. Couper ensuite les feuilles aux deux tiers de la hauteur. Couper le contour pour prélever le vert foncé des feuilles. À l'aide d'une petite cuillère, retirer le foin pour dégager le cœur. Procéder de la même manière pour le reste des artichauts et les mettre dans une casserole moyenne remplie d'eau. Ajouter une pincée de sel et le jus de citron. Porter à ébullition, réduire la chaleur à feu moyen et cuire de 12 à 15 min. Égoutter et laisser refroidir. Mettre les artichauts refroidis dans un grand bol, ajouter la trévise et bien mélanger.

Dans une tasse ou un petit bol, mettre tous les ingrédients qui composent la vinaigrette et fouetter jusqu'à épaississement. Verser la moitié de la vinaigrette sur la salade et mélanger. Partager la salade dans 6 assiettes. Disposer 2 demi-œuf sur chaque portion et saupoudrer de persil. Verser le reste de la vinaigrette sur les œufs et servir immédiatement.

6 portions

Salade de chou du monastère

Cette salade de chou de base est nourrissante et savoureuse à longueur d'année. Je me fais souvent plaisir en la servant comme accompagnement avec tous genres de plats.

1 chou vert moyen, sans le trognon, émincé
5 carottes moyennes, pelées et émincées finement
1 oignon Vidalia moyen, en fines tranches
125 g (1/2 tasse) de Mayonnaise maison (p. 243) ou du commerce
2 c. à soupe de vinaigre distillé ou de vinaigre de vin blanc
2 c. à soupe de jus de citron frais pressé
Une pincée de sel et poivre noir frais moulu, au goût
90 g (1/2 tasse) de raisins secs dorés (facultatif)

Dans un grand bol, mélanger le chou, les carottes et les oignons. Ajouter le reste des ingrédients et bien mélanger.

Couvrir et réfrigérer au moins 2 h avant de servir froid.

6 à 8 portions

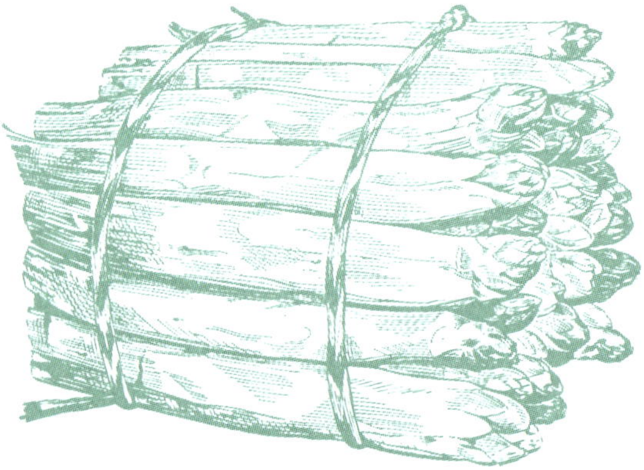

Salade nantaise

Originaire de Nantes, cette salade est surtout servie comme entrée.

Salade

6 pommes de terre rouges, pelées
240 g (8 oz) de mâche ou de jeunes pousses d'épinards
3 œufs, cuits durs, écalés et coupés en rondelles

Vinaigrette

6 c. à soupe d'huile de noisette
3 c. à soupe de vinaigre de vin rouge
1 c. à soupe de moutarde de Dijon, de Meaux ou autre
2 petites échalotes, émincées
Sel et poivre noir frais moulu

Dans une grande casserole remplie d'eau bouillante salée, cuire les pommes de terre de 15 à 20 min, jusqu'à ce qu'elles soient tendres. Les pommes de terre doivent rester fermes; ne pas trop les cuire pour éviter qu'elles ne se brisent en morceaux. Égoutter et rincer à l'eau froide. Bien les éponger. Quand elles seront complètement refroidies, les couper en rondelles et les mettre dans un saladier. Au moment de servir, ajouter la mâche et les œufs.

Dans une tasse ou un petit bol, mettre tous les ingrédients qui composent la vinaigrette et fouetter jusqu'à épaississement. Verser sur la salade et mélanger légèrement en prenant soin de ne pas briser les tranches d'œufs. Servir immédiatement.

6 portions

La joie et la tristesse sont les voisins d'à côté.

PROVERBE ALLEMAND

Salade Immaculata

La fête de l'Immaculée-Conception est célébrée le 8 décembre. En latin, le mot Immaculée est traduit par Immaculata. *Cette salade sert de transition agréable entre le mets principal et le dessert.*

Salade

1 laitue Boston, en feuilles séparées
1 botte de roquette, équeutée
2 grosses pommes vertes, pelées, évidées et coupées en tranches
40 g (1/3 tasse) d'amandes entières, grillées au four à 180 °C (350 °F)
60 g (1/2 tasse) de stilton ou autre fromage bleu, émietté

Vinaigrette

80 ml (1/3 tasse) d'huile de noisette
5 c. à soupe d'huile d'olive extravierge
6 c. à soupe de vinaigre d'estragon ou de vinaigre de vin rouge
2 échalotes, émincées
2 c. à soupe de miel
1 c. à café (1 c. à thé) de moutarde de Dijon
Sel et poivre noir frais moulu

Mettre la laitue, la roquette, les pommes, les amandes et le fromage dans un grand saladier et mélanger légèrement.

À l'aide d'un mélangeur, mixer tous les ingrédients de la vinaigrette quelques secondes jusqu'à ce qu'elle soit onctueuse. Au moment de servir, verser la vinaigrette sur la salade et bien mélanger pour enrober le tout. Servir immédiatement.

6 à 8 portions

Avocats farcis

J'aime servir ces avocats en entrée, mais ils seront tout aussi délicieux à l'heure du lunch ou du brunch.

Avocats
2 gros avocats mûrs mais fermes
Jus de citron frais pressé

Farce
2 c. à soupe de crème moitié moitié
120 g (4 oz) de fromage de chèvre, émietté
1 c. à soupe de jus de citron frais pressé
2 c. à soupe d'amandes, émondées et hachées grossièrement
2 c. à soupe de ciboulette fraîche, hachée finement
3 c. à soupe de coriandre fraîche ou de persil plat frais, haché finement
4 olives noires, dénoyautées et hachées finement
Une pincée de sel (facultatif)
Poivre blanc, au goût

1 laitue Boston, en feuilles séparées

Couper l'avocat en deux sur la longueur. Dénoyauter et peler délicatement. Retirer 1 c. à soupe de pulpe au centre pour donner l'espace nécessaire à la farce. Asperger de jus de citron pour éviter que les avocats brunissent.

Verser la crème dans un petit bol, ajouter graduellement le fromage et piler à l'aide d'une fourchette. Ajouter le jus de citron, les amandes, les fines herbes fraîches, les olives, le sel et le poivre. Bien mélanger et farcir le centre des avocats avec la garniture.

Tapisser les assiettes de quelques feuilles de laitue et disposer les avocats sur le dessus.

4 portions

Salade de clémentines, de pommes et d'épinards

Salade

480 g (1 lb) d'épinards, équeutés

4 clémentines, pelées, dénoyautées et séparées en quartiers

2 pommes vertes moyennes, pelées, évidées et coupées en tranches

8 radis, équeutés et coupés en fines tranches

1 oignon rouge moyen, en fines tranches

Vinaigrette

80 ml (1/3 tasse) de crème épaisse

60 ml (1/4 tasse) d'huile d'olive extravierge

2 c. à soupe de vinaigre de vin blanc

1 c. à café (1 c. à thé) de jus de citron frais pressé

1 c. à café (1 c. à thé) de moutarde de Dijon

Sel et poivre noir frais moulu

3 œufs, cuits durs, écalés et coupés grossièrement

Dans un grand bol, bien mélanger les épinards, les clémentines, les pommes, les radis et les oignons. Couvrir le bol d'un linge propre et réfrigérer environ 1 h avant de servir.

À l'aide d'un mélangeur, mixer tous les ingrédients de la vinaigrette jusqu'à ce qu'elle soit onctueuse. Au moment de servir, verser la vinaigrette sur la salade et bien mélanger. Partager la salade dans les assiettes. Garnir avec les œufs et servir immédiatement.

6 à 8 portions

Salade d'oranges, de pommes et de fenouil

Salade
2 bulbes de fenouil, sans les tiges
2 oranges moyennes, pelées, épépinées et séparées en quartiers
2 pommes vertes, pelées, évidées et coupées en tranches

Vinaigrette
80 ml (1/3 tasse) d'huile d'olive extravierge
4 c. à café (4 c. à thé) de jus de citron frais pressé
Sel et poivre noir frais moulu

6 dattes, dénoyautées et hachées grossièrement

Couper le fenouil en deux puis en fines tranches. Mettre le tout dans un grand saladier. Couper les oranges en cubes ou couper chaque segment en deux. Ajouter les oranges et les pommes au fenouil et bien mélanger. Couvrir et réfrigérer au moins 2 h avant de servir.

Dans une tasse ou un petit bol, mettre tous les ingrédients qui composent la vinaigrette et fouetter jusqu'à épaississement. Au moment de servir, verser sur la salade. Rectifier l'assaisonnement. Bien mélanger pour enrober le tout de vinaigrette. Garnir de dattes et servir pendant que la salade est encore froide.

6 portions

Salade d'oranges et d'avocats

Vous aimerez cette salade en entrée à cause de ses qualités rafraîchissantes. Une agréable façon de commencer un repas du soir raffiné.

Vinaigrette
125 ml (1/2 tasse) d'huile de noisette
60 ml (1/4 tasse) de jus de citron jaune ou vert frais pressé
2 c. à café (2 c. à thé) de tabasco
Sel et poivre noir frais moulu

Salade
3 oranges, pelées, dénoyautées, séparées en quartiers et coupées en deux
2 gros avocats mûrs mais fermes
2 endives, séparées en feuilles
2 oignons verts (partie blanche seulement), en fines tranches

Les feuilles d'une botte de coriandre fraîche, hachées

Dans un grand bol, fouetter tous les ingrédients qui composent la vinaigrette.

Mettre les oranges dans la vinaigrette et laisser mariner au moins 2 h au réfrigérateur.

Au moment de servir, couper les avocats en deux, peler, dénoyauter et couper en cubes. Ajouter les avocats, les endives et les oignons verts dans le bol et bien mélanger pour enrober le tout de vinaigrette. Garnir de coriandre et servir immédiatement.

6 à 8 portions

Si le travail a été plus pénible, il appartiendra à l'abbé de juger s'il convient d'ajouter quelque chose, évitant surtout l'excès, car jamais le moine ne doit se laisser surprendre par l'indigestion.

BENOÎT DE NURSIE

Vinaigrettes, huiles et sauces à salade

Les Français disent que pour faire une bonne salade, il faut d'abord une bonne vinaigrette. Les sauces à salade et les vinaigrettes doivent rehausser à la fois le goût et la présentation des salades. Elles ont le rôle difficile de donner un résultat impeccable afin que la salade servie devienne un souvenir impérissable pour les convives.

Les vinaigrettes et les sauces de base ne sont pas très nombreuses, mais on peut en faire plusieurs variantes. Prenez la vinaigrette française par exemple. On la prépare avec de l'huile d'olive de bonne qualité et du vinaigre de vin auxquels on ajoute une pincée de sel et du poivre au goût. Ah ! l'heureux mariage de l'huile et du vinaigre ! Cette vinaigrette offre des possibilités infinies dès qu'on lui ajoute d'autres ingrédients : une gousse d'ail émincée, une petite cuillerée de moutarde de Dijon, une poignée de fines herbes hachées finement ou encore un mélange de miel et de moutarde. On peut dire la même chose de la sauce mayonnaise puisqu'il suffit d'ajouter quelques gousses d'ail émincées à la recette de base pour obtenir un délicieux aïoli. Pour obtenir une sauce rémoulade, on ajoute simplement une touche de moutarde de Meaux ou de Dijon. Le domaine des vinaigrettes et des sauces à salade permet à tout cordon-bleu qui souhaite réinventer les recettes classiques de faire preuve de beaucoup de créativité.

On trouve plusieurs sauces et vinaigrettes dans le commerce. Même si elles facilitent la tâche du cuisinier, elles n'ont rien à voir avec celles que l'on prend le temps de préparer à la maison. On ne devrait les utiliser qu'en tout dernier recours, par exemple quand on doit préparer une salade pour un groupe important.

Au moment d'assembler les ingrédients, commencez toujours par le meilleur : une excellente huile d'olive, un vinaigre raffiné, du sel de mer et du poivre frais du moulin. Les autres ingrédients devraient également être d'une fraîcheur exemplaire : citrons, œufs frais pour la mayonnaise, fines herbes fraîches ou, si vous n'en avez pas sous la main, des fines herbes séchées de bonne qualité.

On peut faire les vinaigrettes et les sauces à salade à l'avance et les conserver au réfrigérateur. On peut les préparer dans le mélangeur ou encore à l'aide d'un fouet, dans un bol creux. La préparation n'a rien de mystérieux. Il suffit d'avoir beaucoup d'inventivité et d'imagination pour transformer une simple salade en un mets gastronomique. Dans ce livre, plusieurs vinaigrettes et sauces sont déjà contenues dans les recettes. Je vous présente néanmoins des recettes de base très populaires qui vous inspireront sûrement de nombreuses autres variantes.

N'ayez pas peur de faire différents essais et bon appétit !

Vinaigrettes, huiles et sauces à salade

Huiles et vinaigres aromatisés ou assaisonnés

Ces huiles et vinaigres peuvent ajouter une touche spectaculaire à n'importe quelle salade. Ils sont tout simplement magiques !

Huile aromatisée aux fines herbes

750 ml (3 tasses) d'huile d'olive
2 échalotes, émincées
2 feuilles de laurier
1 brin de romarin frais
3 brins de thym frais
1 brin de basilic frais

Mettre l'huile dans une casserole profonde et chauffer à feu moyen-doux. Ajouter le reste des ingrédients et cuire de 3 à 4 min pour en libérer l'arôme. Fermer le feu et laisser refroidir.

Passer l'huile refroidie dans une passoire à mailles fines et la verser dans une bouteille bien propre. Jeter les ingrédients solides. Conserver dans un endroit frais et sombre ou au réfrigérateur.

Environ 875 ml (3 1/2 tasses)

Huile épicée

625 ml (2 1/2 tasses) d'huile de sésame
3 jalapeños, épépinés et émincés
1 petit oignon, émincé
3 gousses d'ail, émincées

Mettre l'huile dans une casserole profonde et chauffer à feu moyen-doux. Ajouter le reste des ingrédients et cuire de 3 à 4 min pour en libérer l'arôme. Fermer le feu et laisser refroidir.

Passer l'huile refroidie dans une passoire à mailles fines et la verser dans une bouteille bien propre. Jeter les ingrédients solides. Conserver dans un endroit frais et sombre ou au réfrigérateur.

Environ 625 ml (2 1/2 tasses)

Huile aromatisée aux agrumes

625 ml (2 1/2 tasses) d'huile d'olive
1 long zeste de citron, broyé
1 long zeste de citron vert, broyé
1 long zeste d'orange, broyé
1/2 c. à café (1/2 c. à thé) de jus de citron frais pressé
3 ou 4 grains de poivre

Mettre l'huile dans une casserole profonde et chauffer à feu moyen-doux. Ajouter le reste des ingrédients et cuire de 3 à 4 min pour en libérer l'arôme. Bien mélanger. Fermer le feu et laisser refroidir.

Passer l'huile refroidie dans une passoire à mailles fines et la verser dans une bouteille bien propre. Jeter les ingrédients solides. Conserver dans un endroit frais et sombre ou au réfrigérateur.

Environ 625 ml (2 1/2 tasses)

Vinaigre aromatisé au basilic

Ce vinaigre est particulièrement bon avec les salades de tomates.

750 ml (3 tasses) de vinaigre de vin rouge
3 gousses d'ail, émincées
30 à 40 g (1 tasse) de feuilles de basilic frais très tassées, hachées finement

Dans une casserole profonde, porter le vinaigre à ébullition à feu moyen. Laisser mijoter de 3 à 4 min. Fermer le feu et ajouter immédiatement l'ail et le basilic. Couvrir et laisser refroidir au moins 2 h.

Passer le vinaigre refroidi dans une passoire à mailles fines et le verser dans une bouteille bien propre. Jeter le basilic et l'ail. Conserver dans un endroit frais et sombre ou au réfrigérateur.

Environ 750 ml (3 tasses)

Vinaigre aromatisé à la verveine citronnelle

Une excellente idée pour rehausser les salades vertes et les salades de fruits de mer.

750 ml (3 tasses) de vinaigre de cidre
30 g (1 tasse) de verveine citronnelle, hachée finement
1 long zeste de citron, broyé

Dans une grande casserole, porter le vinaigre à ébullition à feu moyen. Laisser mijoter 3 min. Fermer le feu et ajouter la verveine et le zeste. Couvrir et laisser refroidir au moins 1 h.

Passer le vinaigre refroidi dans une passoire à mailles fines et le verser dans une bouteille bien propre. Jeter la verveine et le zeste. Conserver dans un endroit frais et sombre ou au réfrigérateur.

Environ 750 ml (3 tasses)

Vinaigre balsamique épicé

Ce vinaigre convient parfaitement aux salades vertes et aux salades de poivrons grillés.

750 ml (3 tasses) de vinaigre balsamique
3 gousses d'ail, émincées
1 long zeste de citron, broyé
2 jalapeños, épépinés et émincés

Dans une grande casserole, porter le vinaigre à ébullition à feu moyen. Ajouter l'ail, le zeste et les piments, réduire la chaleur à feu moyen-doux et laisser cuire 5 min. Couvrir et laisser refroidir au moins 1 h.

Passer le vinaigre refroidi dans une passoire à mailles fines et le verser dans une bouteille bien propre. Jeter l'ail, le zeste et les piments. Conserver dans un endroit frais et sombre ou au réfrigérateur.

Environ 750 ml (3 tasses)

Vinaigre aromatisé aux framboises

Super sur les salades vertes…

750 ml (3 tasses) de vinaigre de vin blanc
120 g (1 tasse) de framboises fraîches
1 c. à soupe de rhum

Dans une grande casserole, porter le vinaigre à ébullition à feu moyen. Laisser bouillir 3 min. Ajouter les framboises et le rhum, réduire la chaleur à feu doux et cuire 2 min. Fermer le feu. À l'aide d'un presse-purée ou d'un pilon, écraser délicatement les framboises, couvrir et laisser refroidir au moins 1 h.

Verser le mélange refroidi dans un pot de verre stérilisé. Les pots de verre utilisés pour la conservation des confitures feront l'affaire. Réfrigérer pendant une semaine.

Après une semaine de macération, passer le mélange dans une passoire à mailles fines et le verser dans une bouteille bien propre. Jeter les framboises. Conserver dans un endroit frais et sombre ou au réfrigérateur.

Environ 750 ml (3 tasses)

Vinaigrettes et sauces

Vinaigrette classique

1 c. à café (1 c. à thé) de sel
1/2 c. à café (1/2 c. à thé) de poivre noir frais moulu
2 c. à soupe de vinaigre de vin rouge
6 c. à soupe d'huile d'olive extravierge

Mettre le sel et le poivre dans une tasse ou un bol. Ajouter le vinaigre et mélanger énergiquement. Ajouter l'huile et mélanger de nouveau pour bien combiner tous les ingrédients.

Vinaigrette à la moutarde

Ajouter à la vinaigrette classique 1 c. à soupe de moutarde de Dijon, de Meaux ou autre et mélanger énergiquement.

Vinaigrette à l'ail

Ajouter à la vinaigrette classique 1 gousse d'ail émincée et bien mélanger. Laisser reposer quelques heures avant de servir.

Vinaigrette aux fines herbes

Faire une vinaigrette classique mais remplacer le vinaigre par du jus de citron frais pressé. Ajouter 10 g (1/4 tasse) de fines herbes fraîches (persil, estragon, coriandre ou oignons verts), émincées. Bien mélanger.

Environ 125 ml (1/2 tasse)

Vinaigrette espagnole épicée

125 ml (1/2 tasse) d'huile d'olive espagnole
3 c. à soupe de vinaigre de xérès
1/2 c. à café (1/2 c. à thé) de thym séché
1 c. à café (1 c. à thé) de sucre
1 c. à café (1 c. à thé) de paprika
1 gousse d'ail, émincée
1 oignon vert (partie blanche seulement), haché finement
Sel et poivre noir frais moulu

Dans un grand bol, mettre tous les ingrédients et fouetter jusqu'à épaississement.

Environ 175 ml (3/4 tasse)

Mayonnaise maison

Cette mayonnaise sert à des usages multiples. Je la recommande avec des œufs durs, une salade de pommes de terre ou encore pour napper des asperges.

1 jaune d'œuf très frais
1 c. à café (1 c. à thé) de moutarde de Dijon, de Meaux ou autre
1 c. à café (1 c. à thé) de sel
1/2 c. à café (1/2 c. à thé) de poivre blanc
Environ 175 ml (3/4 tasse) d'huile d'olive légère ou d'huile végétale
2 c. à café (2 c. à thé) de jus de citron frais pressé ou de vinaigre d'estragon

Mettre le jaune d'œuf dans un bol. Ajouter la moutarde, le sel, le poivre et mélanger à l'aide d'un fouet ou d'un batteur à main.

Ajouter l'huile graduellement tout en mélangeant. Après avoir versé la moitié de l'huile, ajouter le jus de citron, terminer avec l'huile et mélanger jusqu'à consistance d'une mayonnaise. Conserver au réfrigérateur jusqu'au moment de servir. Faire cette mayonnaise le jour même de son utilisation.

Environ 250 ml (1 tasse)

Aïoli

2 jaunes d'œufs très frais
4 gousses d'ail, émincées
1 c. à soupe de jus de citron frais pressé ou de vinaigre d'estragon
1 c. à café (1 c. à thé) de moutarde de Dijon
Sel et poivre blanc, au goût
250 ml (1 tasse) d'huile d'olive légère ou d'huile végétale

Mettre les jaunes d'œufs dans un bol profond. Ajouter l'ail, le jus de citron, la moutarde, le sel et le poivre et mélanger à l'aide d'un fouet ou d'un batteur à main (ce qui est plus simple et plus rapide), jusqu'à consistance onctueuse et crémeuse.

Ajouter l'huile, 1 c. à café (1 c. à thé) à la fois et fouetter jusqu'à ce que l'aïoli épaississe. Conserver au réfrigérateur jusqu'au moment de servir. Faire cet aïoli le jour même de son utilisation.

Environ 250 ml (1 tasse)

Vinaigrette au fromage bleu

125 g (1/2 tasse) de Mayonnaise maison (p. 243) ou du commerce
80 ml (1/3 tasse) de crème épaisse
1 c. à café (1 c. à thé) de vinaigre de cidre
1 c. à soupe de ciboulette fraîche, hachée
45 g (1 1/2 oz) de fromage bleu (bleu d'Auverge, stilton, roquefort ou autre)

Dans un bol profond, mettre la mayonnaise, la crème, le vinaigre et la ciboulette. Mélanger à l'aide d'un batteur à main jusqu'à consistance onctueuse.

Émietter le fromage et l'incorporer à la mayonnaise en mélangeant énergiquement. Couvrir et réfrigérer au moins 6 h, ou toute une nuit, avant de l'utiliser.

Environ 375 ml (1 1/2 tasse)

Sauce à salade Mille-Iles

250 g (1 tasse) de Mayonnaise maison (p. 243) ou du commerce
40 g (1/3 tasse) de piments, hachés finement
3 c. à soupe de sauce chili
2 c. à soupe d'oignons, râpés finement
2 c. à soupe d'olives vertes, hachées finement
60 ml (1/4 tasse) de lait (facultatif)

Dans un grand bol, mettre la mayonnaise, les piments, la sauce chili, les oignons, les olives et bien mélanger jusqu'à consistance onctueuse. Si on préfère une vinaigrette plus légère, ajouter le lait et bien mélanger. Réfrigérer quelques heures avant de servir.

Environ 310 ml (1 1/4 tasse)

Vinaigrette à la moutarde et au miel

125 ml (1/2 tasse) d'huile d'olive légère
3 c. à soupe de vinaigre de vin blanc
1 c. à soupe de moutarde de Dijon, de Meaux ou autre
1 c. à soupe + 2 c. à café (2 c. à thé) de miel
2 c. à soupe de crème épaisse
Sel et poivre noir frais moulu

Mettre tous les ingrédients dans un mélangeur et mixer jusqu'à consistance onctueuse. Conserver au réfrigérateur.

Environ 175 ml (3/4 tasse)

Vinaigrette crémeuse à la moutarde

125 ml (1/2 tasse) de crème épaisse
1 jaune d'œuf très frais
60 ml (1/4 tasse) d'huile d'olive légère
1 c. à soupe de vinaigre de vin blanc
1 c. à soupe de moutarde de Dijon, de Meaux ou autre
1 c. à café (1 c. à thé) de sucre
Sel et poivre blanc, au goût

Mettre tous les ingrédients dans un mélangeur et mixer jusqu'à consistance onctueuse. Réfrigérer au moins 3 h avant de servir. Faire cette vinaigrette le jour même de son utilisation.

Environ 250 ml (1 tasse)

Vinaigrette aux fines herbes

175 ml (3/4 tasse) de crème épaisse
2 c. à soupe d'huile d'olive
2 c. à soupe de basilic frais, haché finement
2 c. à soupe de cerfeuil ou de persil plat frais, haché finement
2 c. à soupe de ciboulette fraîche, hachée finement
1 échalote, émincée
1 gousse d'ail, émincée
Sel et poivre blanc, au goût

Mettre tous les ingrédients qui composent la vinaigrette dans un mélangeur et mixer jusqu'à consistance onctueuse. Réfrigérer jusqu'au moment de servir.

Environ 250 ml (1 tasse)

Vinaigrette crémeuse au citron

125 ml (1/2 tasse) de crème épaisse
5 c. à soupe d'huile d'olive
Le jus d'un citron
Sel et poivre blanc, au goût

Mettre tous les ingrédients dans un mélangeur et mixer jusqu'à consistance onctueuse. Réfrigérer plusieurs heures avant de l'utiliser.

Environ 175 ml (3/4 tasse)

Vinaigrette au roquefort

60 ml (1/4 tasse) de yogourt nature léger
60 ml (1/4 tasse) de crème épaisse
2 c. à soupe d'huile d'olive
2 c. à soupe de vinaigre de vin blanc
Sel et poivre blanc, au goût
60 g (2 oz) de roquefort, émietté

Dans un bol profond, mettre tous les ingrédients, sauf le fromage. Fouetter à l'aide d'un batteur à main jusqu'à consistance crémeuse et onctueuse. Ajouter le fromage et mélanger à l'aide d'une fourchette ou d'une cuillère. Réfrigérer plusieurs heures avant son utilisation.

Environ 160 ml (2/3 tasse)

Sauce à l'estragon

125 ml (1/2 tasse) de crème sure
3 c. à soupe de jus de citron frais pressé
125 ml (1/2 tasse) de crème épaisse
3 c. à soupe d'estragon frais, haché
Sel et poivre noir frais moulu

Mettre tous les ingrédients dans un grand bol et fouetter à l'aide d'un batteur à main, jusqu'à ce que le tout soit bien mélangé. Réfrigérer jusqu'au moment de servir.

Environ 250 ml (1 tasse)

Vinaigrette des jours de fête

Essayez-la sur des salades contenant du melon ou d'autres fruits frais.

125 ml (1/2 tasse) d'huile d'olive légère
60 ml (1/4 tasse) de vin blanc sec ou de xérès sec
1 c. à soupe de jus de citron frais pressé
1 c. à café (1 c. à thé) de moutarde sèche
1 c. à café (1 c. à thé) de graines de céleri
1 c. à soupe de sucre
Une pincée de sel

Mettre tous les ingrédients dans un mélangeur et mixer jusqu'à consistance onctueuse. Réfrigérer jusqu'au moment de servir.

Environ 160 ml (2/3 tasse)

Vinaigrette au citron et au miel

Une autre excellente vinaigrette pour les salades de fruits.

125 ml (1/2 tasse) d'huile d'olive légère
60 ml (1/4 tasse) de jus de citron frais pressé
3 c. à soupe de miel, ou plus au goût
90 g (3 oz) de fromage à la crème, en petits morceaux
Une pincée de cayenne
Une pincée de sel

Mettre tous les ingrédients dans un mélangeur et mixer jusqu'à consistance onctueuse. Réfrigérer jusqu'au moment de servir.

Environ 250 ml (1 tasse)

Sauce Napoléon épicée

Cette sauce convient bien aux légumes froids et au saumon poché froid.

2 c. à soupe de jus de citron frais pressé
310 ml (1 1/4 tasse) de yogourt nature ou de crème sure légère
1/2 c. à café (1/2 c. à thé) de moutarde de Dijon, de Meaux ou autre
1/2 c. à café (1/2 c. à thé) de cari
1/2 c. à café (1/2 c. à thé) de paprika
1/2 c. à café (1/2 c. à thé) de cumin moulu
1/2 c. à café (1/2 c. à thé) de coriandre moulue
1 gousse d'ail, hachée finement
Une pincée de sel
Cayenne, au goût

Mettre tous les ingrédients dans un bol profond et, à l'aide d'un batteur à main ou d'une fourchette, bien mélanger jusqu'à consistance onctueuse. Réfrigérer jusqu'au moment de servir.

Environ 375 ml (1 1/2 tasse)

Remerciements

Je dédie ce livre à Jeanne-Marie et Homer Byington et à Mary Jean et John Winkler pour leur fidèle amitié, leur soutien et leur amour indéfectibles.

J'aimerais remercier mes amis français et américains, particulièrement mes chers cousins Anne-Marie et Bernard Cazenave-Latourrette de Pau, en France, qui ont partagé avec moi quelques-unes de leurs recettes de salades préférées. J'aimerais aussi remercier Louise Seamster, Aaron Ancel et Michael Centore, tous du collège Vassar, pour leur collaboration et leur aide à plusieurs tâches au monastère, incluant la saisie des textes et la révision des recettes.

Index général

Index par ingrédients

G

H

J

R

Table des matières

Achevé d'imprimer au Canada
sur les presses des Imprimeries Transcontinental inc.